NATUR UND MEDIZIN

FALKEN BÜCHEREI

NATUR UND MEDIZIN

GERHARD LEIBOLD

Besser leben durch Fasten

FALKEN VERLAG

In der Reihe Natur und Medizin sind außerdem erschienen:
»Rheuma behandeln und lindern« (Nr. 0836)
»Krebsangst und Krebs behandeln« (Nr. 0839)
»Allergien behandeln und lindern« (Nr. 0840)

CIP-Kurztitelaufnahme der Deutschen Bibliothek

Leibold, Gerhard:
Besser leben durch Fasten /
Gerhard Leibold. – Niedernhausen/Ts.
Falken-Verlag, 1986.
(Falken-Bücherei)
ISBN 3-8068-0841-4

ISBN 3 8068 0841 4

Die Ratschläge in diesem Buch sind von Autor und Verlag sorgfältig erwogen und geprüft, dennoch kann eine Garantie nicht übernommen werden.
Eine Haftung des Autors bzw. des Verlages und seiner Beauftragten für Personen-, Sach- und Vermögensschäden ist ausgeschlossen.
Satz: LibroSatz, Kriftel bei Frankfurt
Druck: Wiesbadener Graphische Betriebe GmbH, Wiesbaden

817 2635 4453 6271

Inhalt

Vorwort 7
Wir essen uns krank 9
Ernährungsabhängige Krankheiten als »Zivilisationsseuchen« 9
Die Hauptfehler der Zivilisationskost 9
Übermäßige Kalorienzufuhr 10
Zu hoher Fettgehalt 10
Überschuß an Eiweiß 12
Denaturierte Kohlenhydrate 13
Die Folgen der falschen Ernährung 13
Übergewicht als Gesundheitsrisiko 14
Herz-Gefäß-Erkrankungen verkürzen die Lebenserwartung 16
Zuckerkrankheit und andere Stoffwechselstörungen 17
Erkrankungen der Verdauungsorgane 18
Andere ernährungsabhängige Krankheiten 19

Die Fastenkur – das große Naturheilmittel bei ernährungsabhängigen Krankheiten 21
Wochenlang nichts essen – ist das nicht schädlich? 22
Verbreitete Vorbehalte gegen das Fasten 22
Wie wirkt die Fastenkur? 23
Die ganzheitliche Umstimmung 24
Aktivierung des »inneren Arztes« 24
Gründliche Entschlackung und Entgiftung 26
Normalisierung des Übergewichts 27
Geistig-seelische Reaktionen 29
Anwendungsgebiete und Gegenanzeigen der Fastenkur 30
Fasten zur Gesundheitsvorsorge 30
Heilung ernährungsabhängiger Krankheiten 32
Wann darf nicht gefastet werden? 39
Ablauf einer Fastenkur 40
Der Entschluß zum Fasten – Vorüberlegungen und praktische Vorbereitungen 42
Geistig-seelische Einstimmung auf die Kur 45
Der Tag vor dem Fasten 46
Die Fastentage 47
Das Fastenbrechen 52
Ergänzende Maßnahmen während der Fastenkur 55
Gründliche Darmreinigung 56
Bewegungstherapie 57
Atemgymnastik 58
Entspannungstraining 59
Verzicht auf Genußmittel 60

Kurz- und Saftfasten für den Hausgebrauch 63
Fastenschalttage zur Gesundheitsvorsorge 63
Kurzfasten zu Hause – Kurplan für fünf Tage 69
Die Saftfastenkur – Kurplan für acht Tage 77

Gesünder leben nach der Fastenkur 88
»Lebendige« Nahrungsmittel – gesund und vollwertig 88
Grundsätze gesundheitsbewußter Ernährung 88
Kalorienknappe Kost 89
Auswahl der Lebensmittel 90
Zusammenstellung der Mahlzeiten 92
Richtige Zubereitung 94
Andere Maßnahmen zur Gesundheitsvorsorge 96

Register 98

Vorwort

Im Vergleich zur Jahrhundertwende leben wir heute fast doppelt so lang wie unsere Vorfahren. Das bedeutet aber nicht, daß wir auch entsprechend gesünder geworden wären, eher das Gegenteil trifft zu. Schon um die Lebensmitte treten bei vielen Menschen die ersten Gesundheitsschäden auf, die allmählich schlimmer werden und die Lebensqualität der gewonnenen Jahre erheblich beeinträchtigen können. Die höhere Lebenserwartung verdanken wir also in erster Linie den Fortschritten der modernen Medizin, die viele Gesundheitsstörungen durch Arzneimittel und Operationen lindern kann. Insbesondere der Sieg über manche Infektionskrankheiten, die früher ganze Landstriche entvölkerten, und die Senkung der Säuglings- und Kindersterblichkeit ließen die durchschnittliche Lebenserwartung des heutigen Menschen in die Höhe schnellen.

Viele der Krankheiten, die frühzeitig zu ersten Beschwerden führen, stehen mit falschen Lebensgewohnheiten in Zusammenhang, hauptsächlich mit der üblichen Zivilisationskost und dem verbreiteten Bewegungsmangel. Hinzu kommen Mißbrauch von Alkohol, Nikotin und anderen Genußmitteln, die wachsende Umweltverschmutzung und nicht zuletzt ungünstige seelische Einflüsse, die unsere Gesundheit schon in frühen Jahren gefährden.

Der Umweltbelastung durch Schad- und Giftstoffe können wir heute nirgends mehr entgehen, aber alle anderen Krankheitsfaktoren lassen sich vermeiden. Dazu ist eine grundlegende Reform aller falschen Lebens- und Ernährungsgewohnheiten erforderlich. Wachsende Bedeutung gewinnt neuerdings in der Gesundheitsvorsorge und Behandlung der Zivilisationskrankheiten ein seit alters bewährtes Naturheilverfahren – *die Fastenkur,* wie sie Dr. Lützner an der im Fernsehfilm vorgestellten Kurpark-Klinik in Überlingen bei ernährungsabhängigen Krankheiten mit gutem Erfolg durchführt.

Vielfach wird Fasten noch als die radikalste Möglichkeit zur Reduzierung von Übergewicht mißverstanden. Das ist zwar ein wichtiges, aber nicht das einzige Anwendungsgebiet einer Fastenkur. Tatsächlich erzielt man dadurch eine tiefgreifende Umstimmung von Körper, Geist und Seelenleben, die Krankheiten vorbeugt oder heilt, selbst wenn mit herkömmlichen Therapiemethoden keine Besserung mehr zu erreichen war.

In der Kurpark-Klinik Überlingen werden Fastenkuren zusammen mit Massagen, Bädern, Kneippanwendungen, Sauna, Gymnastik, Sport, Schwimmen und Wandern vor allem bei folgenden Zivilisationskrankheiten durchgeführt:

- *Stoffwechselkrankheiten,* wie Fettsucht, Zuckerkrankheit, Gicht, Fettleber und chronische Leberentzündungen;
- *Erkrankungen des rheumatischen Formenkreises,* insbesondere wenn sie mit Übergewicht und Stoffwechselkrankheiten einhergehen, wie Muskel-, Weichteilrheumatismus, degenerative Gelenkerkrankungen, Bandscheiben- und Wirbelsäulenschäden;
- *Herz-Gefäß-Krankheiten,* vor allem bei Infarktgefährdung, Herzschwäche durch Überlastung, Bluthochdruck und Durchblutungsstörungen in Kopf und Beinen;
- *chronische Störungen des Gewebsstoffwechsels* mit hartnäckigen Ekzemen, Furunkeln, Schuppenflechte und anderen Hautleiden, Venenerkrankungen der Beine und allergische Krankheiten;
- gute Erfolge werden auch noch bei *chronischen Kopfschmerzen, Migräne, grünem Star* (Glaukom), *Porphyrie* und *Beschwerden während der Wechseljahre* erzielt.

Bei den Kuren in Überlingen kommen auch Kreativität und Lebensfreude nicht zu kurz; Werken, Busfahrten in die Umgebung und gesellige Abende sorgen für einen abwechslungsreichen Verlauf des Kuraufenthaltes und dienen der geistig-seelischen Umstimmung.

Natürlich genügt es nicht, ab und zu einmal eine Fastenkur durchzuführen, in der übrigen Zeit aber immer wieder über die Stränge zu schlagen. Die Kur soll am Beginn einer dauerhaften Reform aller Fehler der Ernährungs- und Lebensweise stehen, damit die Gesundheit dadurch zukünftig nicht mehr gefährdet wird. Deshalb beschreibt dieses Buch nicht nur das Fasten, sondern leitet auch zu gesundheitsbewußterem Verhalten nach der Fastenkur als Voraussetzung für Gesundheit und mehr Lebensqualität bis ins hohe Alter an. Das kostet anfangs zwar einige Mühe, aber sie lohnt sich, denn was nützt die höhere Lebenserwartung, wenn man wegen der vermeidbaren Zivilisationskrankheiten das letzte Drittel des Lebens überhaupt nicht mehr sinnvoll ausfüllen und genießen kann.

Wir essen uns krank

Ernährungsabhängige Krankheiten als »Zivilisationsseuchen«

Das Interesse für Ernährungsfragen nahm in den letzten Jahren erheblich zu. Trotzdem machen sich viel zu viele Menschen noch immer keine Gedanken über ihre Ernährung. Sie essen einfach, was ihnen schmeckt, ohne gesundheitsbewußt auf die Auswahl, Zusammenstellung und Zubereitung der Speisen zu achten. Da Essen die natürlichste Sache der Welt ist, verlassen sie sich dabei auf ihren Instinkt.
Leider erweist sich das oft als verhängnisvoller Irrtum. Die heute übliche Ernährungsweise gilt als einer der wichtigsten Krankheitsfaktoren, weil sie zu viele Kalorien, Fette, Eiweiße und denaturierte Kohlenhydrate, aber zu wenig lebenswichtige Ergänzungs-(Vital-)stoffe enthält. Das wirkt sich nicht sofort auf die Gesundheit aus, es dauert meist Jahrzehnte, ehe die Folgen deutlicher spürbar werden. Hauptsächlich betreffen sie das Herz-Gefäß-System, dessen Zivilisationskrankheiten in allen westlichen Industrienationen explosionsartig zugenommen haben.

Die Hauptfehler der Zivilisationskost

Die heute übliche Ernährung enthält zu viel Nährstoffe, vor allem zu viele *tierische Eiweiße, Fette* und *denaturierte Kohlenhydrate.* Rohkost als »lebende« Nahrung mit reichlich Vitalstoffen kommt daneben zu kurz. Dr. Lützner sagte dazu einmal in einem seiner Vorträge: »Wir leben ja in den 7 fetten Jahren, die 7 mageren haben wir hinter uns.« Das führt zu der paradoxen Situation, daß einerseits immer mehr Menschen an gesundheitsschädlichem Übergewicht leiden, andererseits aber der Mangel an Vitaminen, Mineralstoffen, Spurenelementen und Ballaststoffen zunimmt. Viele Menschen leiden also Mangel trotz »übervoller Töpfe«, der schleichend ihre Gesundheit untergräbt.

Übermäßige Kalorienzufuhr

Ein zentrales Problem der heute üblichen Ernährung bildet ihr zu hoher Kaloriengehalt. Vorwiegend ergibt er sich aus dem zu reichlichen Verzehr von Fetten und denaturierten Kohlenhydraten.
Obwohl die meisten Menschen heute im Beruf körperlich kaum noch gefordert werden und in der Freizeit keinen Ausgleich durch Sport und Gymnastik schaffen, essen sie oft so viel, als müßten sie körperlich schwer arbeiten.
Die durchschnittliche Kalorienzufuhr der Bundesbürger liegt weit über 3 000 kcal, der tatsächliche Tagesbedarf dagegen beträgt nur zwischen 2 000 und 2 800 kcal.
Der Körper kann diese überschüssigen Kalorien nicht einfach wieder ausscheiden. Bei manchen Menschen scheint er sie nach neueren Erkenntnissen in Körperwärme umzuwandeln. Sie kennen keine Gewichtsprobleme, auch wenn sie wie die »Scheunendrescher« essen. Meist wird der Kalorienüberschuß aber als Fett im Körper gespeichert und führt im Laufe der Zeit zu erheblichem Übergewicht. Darunter leiden heute bei uns bereits 20 bis 25% aller Schulkinder und rund die Hälfte aller Erwachsenen.
Es gibt keinen Zweifel daran, daß Übergewicht zu den wichtigsten Gesundheitsrisiken gehört. Zwar weisen Übergewichtige gerne darauf hin, daß irgendeiner ihrer Verwandten zeitlebens viel zu dick war und dennoch ohne ernstere Krankheiten steinalt wurde, aber das bleibt die Ausnahme. Man sollte sich darauf nie verlassen.
Übergewicht erhöht ganz allgemein die Anfälligkeit für Krankheiten. Besonders häufig wird das Herz-Gefäß-System von den Folgen betroffen. Ferner begünstigt es Zuckerkrankheit, andere Stoffwechselstörungen, Erkrankungen der Verdauungsorgane und die vorzeitige Abnutzung des Bewegungsapparats. Nicht zuletzt drohen von der falschen Ernährung, die zum Übergewicht führt, bald auch Vitalstoffmangelzustände, weil zu wenig vollwertige pflanzliche Lebensmittel verzehrt werden.

Zu hoher Fettgehalt

Im Vergleich zu Eiweißen und Kohlenhydraten, von denen 1 g jeweils 4,1 kcal entspricht, sind Fette mit 9,3 kcal je Gramm wahre »Kalorienbomben«. Sie tragen deshalb besonders viel zum Übergewicht bei.
Der heute körperlich nur mäßig beanspruchte Mensch verträgt am Tag noch ungefähr 60 g Fett ohne Gesundheitsrisiko. Davon sind allerdings 25 bis 30% als »versteckte«, bereits in den Nahrungsmitteln enthaltene Fette

abzuziehen. Als »sichtbare« Koch- und Streichfette verbleiben demnach nur 40 bis 45 g am Tag.
Tatsächlich enthält die übliche Zivilisationskost aber 100 g und mehr Fett. Übergewicht und Herz-Gefäß-Krankheiten sind die häufigsten Folgen der übermäßigen Fettzufuhr, inzwischen wird aber auch diskutiert, ob der zu hohe Fettgehalt der Ernährung das Krebsrisiko erhöht.
Abgesehen davon, daß die Fette zu reichlich zugeführt werden, verzehren viele Menschen auch noch die falschen Fette. Fett ist nämlich nicht gleich Fett. Chemisch unterscheidet man gesättigte, einfach und mehrfach (hoch-) ungesättigte Fettsäuren. Bei den gesättigten Fettsäuren haben die Kohlenstoffatome die größtmögliche Menge an Wasserstoff gebunden, die ungesättigten Fettsäuren können noch Wasserstoff binden. Dieser vereinfacht dargestellte chemische Unterschied ist von großer Bedeutung. Die hochungesättigten Fettsäuren spielen im Körper als vitaminartige Schutz- und Reglerstoffe eine wichtige Rolle; unter anderem wirken sie der Arterienverkalkung und ihren Folgen entgegen. Diese nützlichen Fettsäuren kommen bevorzugt in hochwertigen pflanzlichen Ölen vor, die gesättigten und einfach ungesättigten Fettsäuren hauptsächlich in tierischen Nahrungsmitteln. Ausgerechnet diese stehen in der üblichen Zivilisationskost im Vordergrund.
Neben den Fettsäuren darf man den fettartigen Stoff Cholesterin nicht vergessen. In der richtigen Menge ist er lebenswichtig und wird deshalb vom Körper teilweise selbst gebildet, teils mit der Nahrung zugeführt. Die übliche fleischreiche Kost enthält zu viel Cholesterin, das mit zur Arterienverkalkung und ihren Folgekrankheiten beiträgt. Dabei muß allerdings nochmals in das »gute« und das »schlechte« Cholesterin unterschieden werden. Im Blut wird Cholesterin nämlich in Form von Lipoproteinen (Fett-Eiweiß-Komplexe) transportiert. Nach ihrer Dichte unterteilt man sie in zwei wichtige Arten:

- *LDL* (Low Density Lipoproteins) mit niedriger Dichte, die das Cholesterin zu den Zellen bringen;
- *HDL* (High Density Lipoproteins) mit hoher Dichte, die Cholesterin von den Zellen weg transportieren.

Das bedeutet, ausreichend hohe HDL-Werte vermindern das Risiko von Herz-Gefäß-Krankheiten, hohe LDL-Werte steigern es. Durch eingeschränkten Verzehr tierischer Fette oder durch vermehrte Zufuhr mehrfach ungesättigter pflanzlicher Fettsäuren kann der HDL-Wert deutlich erhöht werden. Letzteres birgt allerdings die Gefahr, daß man leicht die zulässige tägliche Fettzufuhr von etwa 60 g überschreitet. Im Übermaß zugeführt sind auch die hochungesättigten Fettsäuren nicht unbedenklich. Für die Entstehung von Übergewicht spielt es keine Rolle, in welcher Form das Fett verzehrt wird, und auch bei der Krebsentstehung scheint es nur auf die Fettzufuhr insgesamt anzukommen.

Überschuß an Eiweiß

Eiweißmangel wirkt sich verheerend auf die Gesundheit aus. Er kommt heute allerdings nur noch in den unterentwickelten Ländern in großem Umfang vor. In den Industrienationen beobachtet man eher das Gegenteil – die Eiweißüberfütterung insbesondere durch tierisches Eiweiß. Im Übermaß zugeführt lagert sich auch das Eiweiß in den Arterien ab (Arterienverkalkung), außerdem bestehen Zusammenhänge zwischen Eiweißüberfütterung und Leber-Nieren-Schäden. Neuere Untersuchungen aus den USA legen sogar den Verdacht nahe, daß die Überversorgung mit Eiweiß durch die übliche Zivilisationskost bei der Entstehung des Herzinfarkts eine noch wichtigere Rolle als die übermäßige Fettzufuhr spielt.
Der Tagesbedarf an Eiweiß wird gemeinhin mit durchschnittlich 1 g je Kilogramm Körpergewicht angegeben. Tatsächlich beträgt er bei vollwertiger Mischkost aber nur 0,5–0,7 g je Kilogramm Körpergewicht, weit weniger also, als die fleischreiche Zivilisationskost enthält. Vegetarier kommen sogar mit noch weniger Eiweiß aus. Das Eiweißminimum von etwa 25 g am Tag darf aber niemals unterschritten werden, sonst drohen Mangelzustände.
Bei der Eiweißzufuhr kommt es nicht allein auf die Menge insgesamt an. Einige der Aminosäuren, aus denen der Körper Eiweiß aufbaut, sind lebenswichtig (essentiell) und müssen deshalb unbedingt in der Ernährung enthalten sein. Das erreicht man durch eine abwechslungsreiche Kost mit ausreichend Milchprodukten. Fleisch ist dazu nicht unbedingt erforderlich. Den meisten Menschen geht es so wie Herrn Feigenbutz, der im Fernsehfilm sagte: »Ohne Fleisch, ich weiß nicht – wo man doch gewöhnt ist, am Tag mindestens 2 Stück Fleisch zu essen.«
In Zeiten hoher körperlicher und/oder geistiger Beanspruchung, während des Wachstums und im Alter benötigt der Organismus etwas mehr Eiweiß. Mehr als 0,8–0,9 g je Kilogramm Körpergewicht am Tag sind aber praktisch nie erforderlich.

Denaturierte Kohlenhydrate

Als denaturiert bezeichnet man alle Nahrungsmittel, die durch verschiedene Techniken bearbeitet wurden. Dazu gehört auch die Zubereitung der Speisen durch Erhitzen. Während sie aber zum Teil notwendig ist, um Nahrungsmittel überhaupt genießbar zu machen, sind viele industrielle Bearbeitungsvorgänge überflüssig und mindern den gesundheitlichen Wert der Nahrung. Typische Beispiele dafür sind Weißmehl und daraus hergestellte Produkte, polierter Reis und Zuckerraffinade. Solche Nahrungsmittel enthalten fast nur noch »leere« Kalorien.

Gerade die denaturierten Kohlenhydrate werden in der üblichen Zivilisationskost bevorzugt. Das trägt mit zu Mangelkrankheiten bei, fördert Übergewicht, Zuckerkrankheit und andere Erkrankungen. Sicher wird man nicht gleich krank, wenn man ab und zu einmal Weißbrot oder ein Stück Kuchen verzehrt, aber zur Gewohnheit darf das nicht werden.

Mit dem Verzicht auf industriell »verfeinerte« Nahrungsmittel allein ist es noch nicht getan. Die Zivilisationskost enthält viel zu wenig naturbelassene »lebendige« Rohkost, die nicht durch Erhitzung denaturiert wurde. Ihr Anteil an der täglichen Kost soll mindestens 30% betragen, besser mehr, um die Gesundheit zu erhalten. Allein von Rohkost kann man sich auf Dauer allerdings nicht vollwertig ernähren.

Die Folgen der falschen Ernährung

Die Ernährung muß dem Körper alle Nähr- und Vitalstoffe zuführen, die er zur störungsfreien Funktion benötigt. Diesem Anspruch wird die übliche Zivilisationskost nicht gerecht. Sie enthält zwar genügend oder zu viele Nährstoffe als Kalorienträger, diese aber in falscher Form und Zusammensetzung. Überdies mangelt es ihr an lebenswichtigen Ergänzungsstoffen. Deshalb begünstigt sie zahlreiche Krankheiten.

Genau genommen gibt es kaum eine Erkrankung, bei der die falsche Ernährungsweise keine Rolle spielen kann. Besonders auffällig sind aber die Zusammenhänge zwischen ungesunder Kost und den Zivilisationskrankheiten, mit denen wir uns jetzt befassen wollen.

Übergewicht als Gesundheitsrisiko

Viele Menschen, die unter Gewichtsproblemen leiden, lasen vor einiger Zeit erleichtert eine Meldung aus den USA, die durch die Presse ging. Das *Idealgewicht*, jahrzehntelang als beste Voraussetzung für Gesundheit und hohe Lebenserwartung propagiert, gilt nach neuen statistischen Untersuchungen nur noch bedingt. Es scheint sogar, daß unter bestimmten Umständen einige Pfund über dem *Normalgewicht* die Lebenserwartung erhöhen können.

Das ändert freilich nichts an der Tatsache, daß Übergewicht nach wie vor als einer der wichtigsten Risikofaktoren für die Gesundheit anzusehen ist. Nur schert man heute nicht mehr alle Menschen über einen Kamm, sondern berücksichtigt mehr die individuellen Umstände und huldigt auch nicht mehr so sehr einem übertriebenen Schlankheitsideal. Ab einer bestimmten Grenze gefährdet aber jedes weitere Kilo die Gesundheit.

Die einfachste Formel, nach der man das Körpergewicht beurteilen kann, stammt von dem französischen Chirurgen Paul Broca. Sie geht nur von der Körpergröße aus, berücksichtigt aber nicht den unterschiedlichen Körper- und Knochenbau. Als Faustformel für den Hausgebrauch genügt die Broca-Formel aber. Sie lautet:

> Körpergröße (in Zentimetern) minus 100 = Normalgewicht (in Kilogramm).

Individueller läßt sich das Normalgewicht nach der Formel des deutschen Arztes Dr. Bornhardt ermitteln, der noch den Brustumfang mit einbezieht und so dem Körperbau besser gerecht wird. Die Formel lautet:

> Körpergröße (in Zentimetern) mal mittlerer Brustumfang (in Zentimetern) geteilt durch 240 = Normalgewicht (in Kilogramm).

Das Normalgewicht ist ein statistischer Mittelwert; man kann davon ausgehen, daß es die Gesundheit nicht gefährdet, aber es handelt sich dabei nicht immer um das individuell optimale Körpergewicht. Dieses kann nach oben oder unten vom Normalgewicht abweichen.

Das Idealgewicht liegt bei Männern um 10%, bei Frauen wegen ihres meist grazileren Knochenbaus um 15% unter dem Normalgewicht.

Übergewicht beginnt, wenn das Körpergewicht um 10% über dem Normal-

gewicht oder um 20–25% über dem Idealgewicht liegt. Der Bereich zwischen Normalgewicht und beginnendem Übergewicht erfordert zwar keine Behandlung, in der Regel empfiehlt es sich aber, wenigstens so nahe wie möglich an das Normalgewicht heranzukommen.
Übergewicht gehört in allen westlichen Industrienationen zu den wichtigsten Gesundheitsrisiken. Sieht man von den seltenen Fällen ab, in denen eine organische Krankheit dahinter steht, beruht es auf falschen Ernährungs- und Lebensgewohnheiten. Ihre Wurzeln reichen oft bis in die frühe Kindheit zurück. So wie sie einst anerzogen wurden, können sie auch wieder verlernt und durch gesündere Gewohnheiten ersetzt werden. Die Fastenkur kann die Wende einleiten, indem sie die überflüssigen Kilos beseitigt. Ergänzend muß aber immer eingeübt werden, wie man sich nach der erfolgreichen Kur verhalten soll, sonst kommt es bei 4 von 5 Übergewichtigen innerhalb eines Jahres zum Rückfall. Dabei dürfen auch die seelischen Ursachen des Übergewichts nicht vergessen werden, die häufig eine wichtige Rolle spielen (zum Beispiel der »Kummerspeck«). Fasten hilft auch dabei, weil es zur geistig-seelischen Umstimmung führt.
Die Gefahren des Übergewichts sind heute recht genau bekannt. Statistische Untersuchungen aus den USA weisen darauf hin, daß die überflüssigen Pfunde allein – also ohne Folgekrankheiten – die Lebenserwartung verkürzen. Schon 5 kg Mehrgewicht bedeuten eine um 8% verringerte durchschnittliche *Lebenserwartung*, das entspricht 5–6 Lebensjahren. Davon abgesehen bedeutet jedes Kilo mehr ein höheres Krankheitsrisiko. Im Vordergrund der Folgen stehen nach der Statistik *Herz-Gefäß-Erkrankungen, Zuckerkrankheit, Leberzirrhose* und *Gallensteine*, aber auch *Blinddarmentzündungen* und sogar ein um 20% *erhöhtes Unfallrisiko*. Hinzu kommen *Schäden* an Knochen, Gelenken, Bandscheiben, Wirbelsäule, Muskeln und Bändern, die durch das Mehrgewicht überstrapaziert werden, und *Erkrankungen der Verdauungsorgane*, welche die falsche Ernährung verkraften müssen. Schließlich sind auch noch die häufigeren *Komplikationen* während der *Schwangerschaft* bei übergewichtigen Frauen hervorzuheben; sie leiden deutlich häufiger unter Krampfadern, Schwellungen, Thrombosen, Bluthochdruck, abnormen Blutungen und Schwangerschaftsvergiftungen als normalgewichtige Schwangere.
Das verbreitete Übergewicht gehört also zu den wichtigsten Gesundheitsgefahren. Seine Folgen sind so schwerwiegend, daß man sich auch nach mehreren vergeblichen Schlankheitskuren nicht scheuen sollte, es einmal mit einer Fastenkur unter fachmännischer Anleitung zu versuchen.

Herz-Gefäß-Erkrankungen verkürzen die Lebenserwartung

In allen westlichen Industrienationen stehen Krankheiten des Herz-Gefäß-Systems an der Spitze der Todesursachen. Der Zusammenhang mit falscher Ernährung, die zu viel tierisches Eiweiß und Fett enthält, gilt als gesichert. Daneben spielen noch andere Risikofaktoren eine Rolle, vor allem Mißbrauch von Nikotin und anderen Genußmitteln, übermäßiger Streß und ungünstige Erbanlagen. Die Bedeutung der falschen Zivilisationskost als Herz-Gefäß-Risiko erkennt man am Beispiel der USA am besten; durch großangelegte Aufklärungskampagnen gelang es dort schon, viele Menschen wenigstens zur Änderung ihrer gröbsten Ernährungsfehler zu veranlassen. Seither geht die Zahl der Herzinfarkte zurück.
Als häufigste Folge falscher Ernährung kommt es zur *Arterienverkalkung*. Sie kann bereits im 3./4. Lebensjahrzehnt beginnen. Nach dem 60. Lebensjahr leiden fast alle Bundesbürger in unterschiedlich schwerer Form darunter. Die Verengung und Verhärtung der Arterienwände geht mit Störungen der Blut-Sauerstoff-Versorgung in den betroffenen Körperregionen einher, die Gerinnungsneigung des Bluts erhöht sich, Blutfett- und Blutdruckwerte steigen an. Zusätzlich leiden viele der Betroffenen infolge der falschen Ernährung unter Übergewicht und nicht selten unter Zuckerkrankheit, die wiederum die Arterien zusätzlich schädigen kann.
Als gefürchtetste Folgekrankheiten der Arteriosklerose treten Thrombosen, Embolien, absterbendes Gewebe (Brand, Raucherbein) an den Gliedmaßen, Herzinfarkt und Schlaganfall auf. Aber auch wenn es nicht zu so schwerwiegenden Komplikationen kommt, kann die Arterienverkalkung die Lebensqualität durch zahlreiche Beschwerden stärker beeinträchtigen.
In den Kriegs- und Nachkriegsjahren traten Herz-Gefäß-Krankheiten nur selten auf. Man beobachtete sogar, daß sich arteriosklerotische Gefäßveränderungen während längerer Hungerperioden wieder zurückbildeten. Natürlich wird sich deshalb niemand wünschen, daß diese Notzeiten zurückkehren. Aber die Erfahrungen aus dieser Zeit weisen den Weg zur Vorbeugung und Therapie solcher Krankheiten – die konsequente Reform falscher Ernährungs- und Lebensgewohnheiten und fachmännisch überwachte Fastenkuren. Das hilft besser als die nicht immer unbedenklichen Arzneimittel. Je früher man damit beginnt, desto günstiger sind die Aussichten, die Zivilisationskrankheiten des Herz-Gefäß-Systems zu vermeiden oder selbst in fortgeschrittenen Fällen noch zu bessern.

Zuckerkrankheit und andere Stoffwechselstörungen

Der Stoffwechsel muß die Bestandteile der Nahrung verarbeiten. Deshalb wirken sich die Fehler der Zivilisationskost häufig auf die Stoffwechselfunktionen aus.
Besonders gefürchtet und verbreitet ist die Zuckerkrankheit (Diabetes mellitus). Sie steht zwar mit ungünstigen Erbanlagen in Zusammenhang, aber diese können lebenslang »stumm« bleiben, wenn man durch gesundheitsbewußte Ernährungs- und Lebensweise vorbeugt.
Vereinfacht ausgedrückt kann bei Diabetes der Zucker nicht mehr ausreichend »verbrannt« werden. Darauf reagiert die Bauchspeicheldrüse zunächst mit vermehrter Ausschüttung des Hormons Insulin. Im Lauf der Zeit wird sie durch diese Mehrarbeit aber überfordert und erschöpft und kann den Blutzuckerspiegel nicht mehr kontrollieren – ein behandlungsbedürftiger Diabetes ist entstanden. Begünstigt wird die Stoffwechselkrankheit durch übermäßige Kalorienzufuhr (viele Diabetiker sind übergewichtig), denaturierte Kohlenhydrate und zu viel Fett.
Die Komplikationen des Diabetes betreffen hauptsächlich das Herz-Gefäß-System. Arterienverkalkung und ihre Folgekrankheiten drohen dem Diabetiker, wenn die Krankheit nicht frühzeitig und konsequent ein Leben lang behandelt wird. Zur Basistherapie sind stets individuell vom Therapeuten verordnete Diät, regelmäßig ausreichend Bewegung und Normalisierung des häufig bestehenden Übergewichts erforderlich. Allein dadurch lassen sich leichtere Fälle von Zuckerkrankheit oft zufriedenstellend behandeln. Die vom Fachmann überwachte Fastenkur trägt gleichfalls mit zur Vorbeugung und Behandlung des Diabetes bei.
Aber auch wer ein Arzneimittel einnehmen oder Insulin spritzen muß, um den Blutzuckerspiegel unter Kontrolle zu halten, muß die Basisbehandlung strikt einhalten.
Neben der Zuckerkrankheit gewinnt seit einiger Zeit auch eine andere Stoffwechselstörung immer mehr an Bedeutung – die *Gicht* (Arthritis urica). Sie steht ebenfalls mit Erbanlagen in Zusammenhang, die bei gesundheitsbewußter Lebens- und Ernährungsweise aber nicht zur akuten Erkrankung führen müssen. Die Bedeutung der falschen Kost wird besonders daran deutlich, daß die meisten Gichtkranken gleichzeitig übergewichtig sind.
Als »Luxuskrankheit« wird Gicht vor allem durch eine Ernährungsweise begünstigt, die zu viel Fleisch, denaturierte Kohlenhydrate, Alkohol und Kaffee zuführt. Infolge der Störung des Harnsäurestoffwechsels kommt es zur Einlagerung dieses Stoffwechselprodukts in den Gelenken. Der erste Gichtanfall tritt meist bald nach dem 30. Lebensjahr auf und betrifft in der

Regel das Grundgelenk der großen Zehe. Die heftigen Schmerzen können medikamentös rasch gelindert werden, die Ursachen aber bestehen fort. Nur eine Reform falscher Ernährungsgewohnheiten mit Normalisierung des Übergewichts – bei Bedarf ergänzt durch Arzneimittel – kann verhindern, daß die Krankheit fortschreitet und schließlich Gelenke bis zur Gebrauchsunfähigkeit schädigt oder innere Organe (Darm, Nieren) befällt. Fastenkuren helfen mit, der Krankheit vorzubeugen oder sie erfolgreicher zu behandeln.

Erkrankungen der Verdauungsorgane

Die Verdauungsorgane kommen unmittelbar mit der Nahrung in Kontakt und müssen sie auf die Verwertung im Stoffwechsel vorbereiten. Daher führt die falsche Kost häufig zu Erkrankungen an Magen, Darm, Leber, Gallenblase und Bauchspeicheldrüse.
Weitverbreitete Folge der ballaststoff-(rohkost-)armen Ernährung ist die *chronische Darmträgheit.* Sie begünstigt zahlreiche andere Krankheiten. Recht »harmlos« ist noch die leichte Selbstvergiftung, die zu unreiner Haut und Kopfschmerzen führt. Aber auch die lebenswichtige Darmflora wird geschädigt, Ausbuchtungen der Darmwand (Divertikel) bilden sich und das Darmkrebsrisiko steigt. Durch Blutstauungen im Becken entstehen oft Hämorrhoiden und Krampfadern, schließlich werden auch noch Leber und Nieren belastet.
Der dauernde Gebrauch von Abführmitteln (auch rein pflanzlicher) erscheint zwar als die bequemste Lösung, hat aber weitere Schäden zur Folge. Das Problem kann nur durch vollwertige Ernährung gelöst werden.
Die fleischreiche Zivilisationskost begünstigt abnorme Fäulnisprozesse im Darm, die mit Blähungen einhergehen und die Darmflora zusätzlich schädigen.
Heftig reagieren Magen und Darm auch auf die denaturierten Kohlenhydrate. Sodbrennen, Blähungen, chronische Entzündungen, Geschwüre und Schädigung der Darmflora sind die häufigen Folgen. Zusätzlich wird der Magen oft noch durch scharfe Gewürze, zu heiße oder zu kalte Speisen und Getränke, Kaffee und Alkohol gereizt.
Leber und Gallenblase leiden besonders unter der übermäßigen Fettzufuhr. Schwere Schäden drohen aber auch durch Mißbrauch von Kaffee und Alkohol. Als Folgen treten Entzündungen der Gallenblase und Leberverfettung auf, die in die Leberschrumpfung übergehen kann.
Schließlich betrifft die falsche Kost auch noch die Bauchspeicheldrüse.

Zuckerkrankheit ist eine häufige Folge ihrer dauernden Überforderung. Da das Organ aber nicht allein für den Zuckerstoffwechsel zuständig ist, sondern auch für die Eiweiß-, Fett- und Kohlenhydratverdauung, treten infolge der chronischen Überlastung weitere Funktionsstörungen bis hin zu schweren, chronisch verlaufenden Krankheiten der Bauchspeicheldrüse auf. Indirekt können die Störungen der Verdauungsfunktionen zu Mangelkrankheiten führen, weil die Nahrung nur noch unzureichend verwertet wird. Das tritt vor allem dann ein, wenn die Erkrankungen chronisch verlaufen.

Andere ernährungsabhängige Krankheiten

Die falsche Ernährung begünstigt noch viele andere Erkrankungen, auch wenn der Zusammenhang zum Teil nicht auf Anhieb erkennbar ist. Dazu gehört vor allem die *Mesotrophie* (Halbgesundheit), ein Begriff, den der bekannte Ernährungsreformer Professor Werner Kollath prägte. Nach seiner Auffassung entspricht die Mesotrophie dem Durchschnittsernährungszustand des heutigen Menschen; neben falscher Ernährung spielen dabei auch noch übermäßiger Streß und andere Fehler der Lebensweise eine Rolle.

Oft beginnt die Halbgesundheit bereits in der Kindheit oder frühen Jugend. Der Organismus vermag ihre Folgen aber jahre- bis jahrzehntelang teilweise auszugleichen. Deshalb treten nur unklare Allgemeinbeschwerden auf, vor allem Nervosität, Abwehr- und Leistungsschwäche. Spätestens ab der Lebensmitte drohen dann aber verschiedene Krankheiten als direkte Folge der chronischen Fehlernährung und ungesunden Lebensweise, insbesondere die hier beschriebenen Zivilisationskrankheiten des Herz-Gefäß-Systems und Stoffwechsels.

Gegen die Halbgesundheit helfen keine bequemen Pillen. Sie entsteht als Folge falscher Gewohnheiten, die sich nur durch Lernprozesse wieder überwinden lassen. Je früher man damit beginnt, desto sicherer läßt sich die Mesotrophie verhindern oder wieder beseitigen.

Als schwerwiegendste Folge begünstigt die chronische Fehlernährung wahrscheinlich auch Krebs. Daneben spielen aber immer noch andere Ursachen eine Rolle, Krebs erklärt sich praktisch nie allein aus einem Faktor. Noch nicht sicher geklärt werden konnte bisher, ob die Zivilisationskost alle oder nur einzelne Krebsformen begünstigt. Beim verbreiteten Dickdarmkrebs spielt die übliche ballaststoffarme, zu fettreiche Kost mit Sicherheit eine maßgebliche Rolle. Der übermäßige Fettverzehr regt die Ausschüttung von Gallensäuren zu stark an; im Dickdarm können sie dann von Bakterien in krebsverursachende Stoffe umgewandelt werden. Wenn infolge des Balaststoffmangels chronische Darmträgheit besteht, bleiben diese (und andere) schädlichen Substanzen dann auch noch zu lange in Kontakt mit der Darmschleimhaut.

Wahrscheinlich trägt die übertriebene Fettzufuhr auch mit zum Brustdrüsenkrebs der Frau und zum Prostatakrebs des Mannes bei, da sie die Produktion der Geschlechtshormone aus dem Gleichgewicht bringt. Dabei spielt es im Gegensatz zu den Herz-Gefäß-Krankheiten offenbar keine Rolle, ob mehr gesättigte oder hochungesättigte Fettsäuren zugeführt werden, es kommt auf die Gesamtfettmenge an, die in der üblichen Ernährung viel zu hoch liegt.

Möglicherweise gibt es ähnliche Zusammenhänge auch noch bei anderen Krebskrankheiten, aber darüber wissen wir bisher noch zu wenig. Ohne Zweifel schwächt die falsche Ernährung immer die körpereigenen Abwehrkräfte und kann dadurch indirekt alle Krebsformen begünstigen.

Fastenkuren beseitigen viele Folgen der ungesunden Ernährung. Wenn sie vom Erlernen neuer Ernährungs- und Lebensgewohnheiten begleitet werden, leisten sie auch einen wichtigen Beitrag zur Krebsvorsorge.

Die Fastenkur – das große Naturheilmittel bei ernährungsabhängigen Krankheiten

Es bedarf keiner besonderen medizinischen Kenntnisse, um auf Anhieb zu verstehen, daß ernährungsbedingte Erkrankungen nur durch eine Reform falscher Ernährungsgewohnheiten vermieden oder geheilt werden können. Trotzdem sind viele Menschen dazu nicht bereit. Obwohl seit der Contergan-Katastrophe immer wieder Arzneimittel wegen ihrer unvertretbaren Nebenwirkungen vom Markt genommen werden mußten, herrscht immer noch ein Anspruchsdenken vor, das vom Therapeuten gegen jede Krankheit eine bequeme Pille verlangt.

Natürlich gibt es auch Arzneimittel zur Behandlung ernährungsbedingter Krankheiten, die im Einzelfall für einige Zeit angezeigt sein können. Aber sie heilen nicht die Ursachen, sondern beseitigen nur die Symptome. Sobald sie abgesetzt werden, kehrt die Krankheit bald zurück, wenn zwischenzeitlich keine gesünderen Ernährungs- und Lebensgewohnheiten eingeübt wurden. Das ist zwar unbequem, aber zur Heilung unentbehrlich und kommt dem Bedürfnis der seit einiger Zeit anwachsenden Zahl mündiger Patienten entgegen, als Partner des Therapeuten aktiv etwas für die Erhaltung oder Wiederherstellung der Gesundheit zu tun. Diese Menschen stehen auch einer Fastenkur meist aufgeschlossen gegenüber.

Das Fasten gehört zu den ältesten Heilmitteln der Menschheit. Sogar kranke Tiere fasten bei bestimmten Krankheiten instinktiv. Daran erkennen wir, daß vorübergehendes Fasten als einschneidendste Veränderung der Ernährungsgewohnheiten zu den natürlichsten Heilverfahren gehört.

Neben seinen Wirkungen auf den Körper dürfen auch die positiven geistig-seelischen Folgen einer Fastenkur nicht unterschätzt werden. Daher spielt es auch in religiösen Riten und bei der Meditation eine wichtige Rolle. Demnach wird die Fastenkur einem Grundprinzip der Biomedizin gerecht, wonach Krankheiten ganzheitlich über *Körper, Geist* und *Seelenleben* behandelt werden sollen. Bestätigt wird diese Forderung durch die Forschungen der modernen psychosomatischen Medizin, die sich mit den Wechselbeziehungen zwischen Körper, Geist und Seelenleben beschäftigt.

Wochenlang nichts essen – ist das nicht schädlich?

Verbreitete Vorbehalte gegen das Fasten

Von Kindesbeinen an sind wir darauf programmiert, jeden Tag mehrmals zu essen. Die Nahrungsaufnahme ist lebenswichtig und die natürlichste Sache der Welt. Deshalb können sich viele Menschen überhaupt nicht vorstellen, daß man längere Zeit ohne Nahrung auskommen und dadurch sogar noch gesünder werden kann. Nicht selten fürchten sie eher, daß eine Fastenkur ihrer Gesundheit schaden könnte. Herr Feigenbutz, den wir im Fernsehfilm aus Dr. Lützners Kurpark-Klinik kennenlernten, brachte die verbreiteten Vorbehalte gegen das Fasten auf einen Nenner, als er zu Anfang sagte: »Also gegen das Fasten an und für sich habe ich keine Bedenken, aber die Umstände, von denen ich gehört habe – daß durch das Fasten irgendwelche Störungen auftreten könnten, Sehschwierigkeiten, innere Unruhe, vor allen Dingen unruhiger Schlaf, vielleicht auch irgendwelche Phantastereien...« Aber das ist bei einer Fastenkur unter fachmännischer Überwachung nicht zu befürchten.

Wenn man einem Patienten zum Fasten rät, hört man oft als erstes Argument »also das halte ich bestimmt nicht durch«. Dahinter steht die Vorstellung, daß man während der gesamten Dauer der Kur unter quälendem Hunger leidet. Wer aber schon einmal eine Fastenkur mitgemacht hat, weiß aus eigener Erfahrung, daß dies nicht zutrifft. Schon nach 2–3 Tagen läßt das Hungergefühl meist deutlich nach und verschwindet schließlich völlig. Fasten erfordert also keine übermenschlichen Willenskräfte, um den Hunger zu beherrschen, dieses Problem löst sich rasch von selbst.

Ein weiterer Einwand kommt vor allem von den Patienten, die sich schon einmal oberflächlich mit Ernährungsfragen befaßt haben. »Wenn ich wochenlang nichts esse, dann treten doch Eiweiß- und andere Mangelzustände auf, die meiner Gesundheit schaden.« Aber auch das stimmt nicht. Der Organismus kommt durchaus für einige Zeit ohne Nahrung aus, und Eiweißmangel ist wegen der bei uns verbreiteten Eiweißüberfütterung auch nicht zu befürchten. Natürlich gibt es Ausnahmen, die Fasten nicht zulassen, aber dann wird der Therapeut erst gar nicht zur Fastenkur raten.

»Ich fühle mich ohnehin schon so schlapp und abgespannt«, wenden manche ein, »das wird durch Fasten ja noch schlimmer.« Obwohl diese Befürchtung auf den ersten Blick zutreffend erscheint, erlebt man im Ver-

lauf einer Fastenkur gerade das Gegenteil. Sobald die ersten Tage überstanden sind, nimmt die körperliche und geistige Leistungsfähigkeit zu, die verbreitete Abgespanntheit und chronische Müdigkeit weicht. Der Organismus befreit sich von den Schlacken und Giftstoffen, die vorher das Leistungsvermögen beeinträchtigten. Gesunde können während der Fastenkur sogar Sport treiben und längere Wanderungen unternehmen. Kein Fastender muß also befürchten, daß er wochenlang nur noch im Zimmer liegen und spüren kann, wie er zunehmend schwächer wird.
Daneben gibt es noch zahlreiche andere Vorbehalte und Ängste, die sich letztlich immer aus ungenügender Information, falschen Erwartungen und Vorstellungen erklären. Bei älteren Menschen können die Ängste auch noch mit Erfahrungen in den Hungerjahren während und nach dem Krieg in Beziehung stehen, die zwar längst aus dem Bewußtsein verschwunden sind, durch die Fastenkur aber erneut aktiviert werden. Ein erfahrener Therapeut kann dem Patienten aber über diese Probleme hinweghelfen und ihn positiv zur Fastenkur motivieren.
Die eingangs gestellte Frage, ob wochenlanges Fasten nicht schädlich ist, kann also verneint werden, wenn die Kur unter fachmännischer Verlaufskontrolle absolviert wird. Einige Gegenanzeigen, auf die wir später noch zu sprechen kommen, müssen allerdings beachtet werden. Im Vergleich zu vielen anderen Therapieverfahren gibt es für die Fastenkur aber nur wenige Kontraindikationen.

Wie wirkt die Fastenkur?

Fasten wird manchmal als das »unblutige Messer der inneren Medizin« bezeichnet. Darin kommt symbolisch zum Ausdruck, wie tiefgreifend eine Fastenkur bei Krankheiten wirkt. Unnötige Fettpolster werden eingeschmolzen, Schlacken und Giftstoffe in den Geweben verbrannt und ausgeschieden, die körpereigenen Abwehrkräfte aktiviert und nicht zuletzt auch die geistig-seelischen Funktionen positiv verändert. Diese umfassende Wirkung empfiehlt das Fasten zur Vorbeugung und alleinigen oder ergänzenden Behandlung vieler Zivilisationskrankheiten, die mit falscher Ernährung und Lebensweise in ursächlichem Zusammenhang stehen.

Die ganzheitliche Umstimmung

In der Biomedizin spielt die *Umstimmungstherapie* eine wichtige Rolle. Sie verändert die körperlichen und geistig-seelischen Funktionen und regt dadurch vor allem die Selbstheilungskräfte an. Dadurch können Krankheiten abgewehrt werden, ehe es überhaupt zu spürbaren Symptomen kommt, und die Ursachen bestehender Erkrankungen lassen sich aus eigener Kraft überwinden und heilen. Selbst bei langjährigen chronischen Krankheiten, die auf andere Weise kaum noch zu bessern sind, kann die Umstimmung noch überraschend gut helfen.
Das Fasten gehört zu den wirksamsten Formen der Umstimmungstherapie. Da wir normalerweise regelmäßig Nahrung zu uns nehmen, übt der vorübergehende Verzicht einen stark umstimmenden Reiz auf Körper, Geist und Seelenleben aus, dem die Besserung oder vollständige Heilung folgt. Nach ihrer ganzheitlich-umstimmenden Wirkung ist die Fastenkur fast schon ein Allheilmittel, das bei den meisten Krankheiten mit guten Erfolgsaussichten angewendet werden kann. Andere Heilverfahren werden dadurch jedoch nicht unbedingt überflüssig; insbesondere mit Homöopathie, Pflanzenheilkunde und anderen Naturheilverfahren kann das Fasten gut kombiniert werden. Dann spielt die Fastenkur oft die Rolle eines »Zündfunkens«, der die Heilung erst in Gang bringt und die Wirksamkeit der anderen Heilverfahren fördert.
Auch wenn durch die umstimmende Fastenkur keine vollständige Heilung mehr erzielt werden kann, erreicht man meist – sogar in scheinbar aussichtslosen Fällen – eine deutliche Besserung schwerer und chronischer Krankheiten. Das hilft dem Betroffenen dann, auf die vorher oft eingenommenen chemischen Arzneimittel zu verzichten oder zumindest die Dosis zu verringern. So lassen sich viele Nebenwirkungen vermeiden. Außerdem wird der Körper beim Fasten auch von den chemischen Substanzen entgiftet, die sich im Lauf einer längeren Therapie mit schulmedizinischen Medikamenten im Körper anhäufen. Daher eignen sich Fastenkuren bei chronisch verlaufenden Erkrankungen besonders gut zur alleinigen oder ergänzenden Therapie.

Aktivierung des »inneren Arztes«

Die großen Ärzte der Antike prägten den bescheidenen Satz »die Natur heilt, der Arzt hilft ihr dabei«. Deshalb waren ihre Heilverfahren auch hauptsächlich auf die Stärkung des »inneren Arztes« ausgerichtet.

Die moderne Medizin glaubte auf die Abwehrkräfte des Körpers verzichten zu können und Krankheiten durch chemische Arzneimittel oder Operationen zu »reparieren«. Da dies mißlang, wurden immer stärkere Medikamente entwickelt, deren Nebenwirkungen nicht selten schlimmer als die Krankheit selbst ausfallen.
In der Biomedizin folgte man stets dem Grundprinzip, daß Erkrankungen vor allem durch Anregung der natürlichen Selbstheilungskräfte behandelt werden müssen. Darauf beruht zum Beispiel die Homöopathie und Pflanzenheilkunde. Die Beseitigung der Symptome spielt keine so wichtige Rolle. Deshalb dauert es meist auch länger, ehe die Wirkung der biomedizinischen Therapie spürbar wird. Dafür werden Krankheiten dann aber ursächlich geheilt, nicht allein Symptome unterdrückt.
Inzwischen beginnt auch die Schulmedizin wieder, sich auf die körpereigene Abwehr zu besinnen. Zahlreiche Forschungsarbeiten sollen die verschiedenen Abwehrregulationen besser verständlich machen, damit sie dann therapeutisch genützt werden können. Es wird aber wohl noch geraume Zeit vergehen, ehe auch die offizielle Medizin wieder zu der bescheidenen Denkweise der alten Ärzte zurückfindet.
Auch die Fastenkur wirkt unter anderem durch *Aktivierung* der *natürlichen Abwehrsysteme*, die uns normalerweise vor allen Schäden von außen und innen schützen können. Diese abwehrsteigernde Wirkung kommt hauptsächlich auf folgende Weise zustande:

- Die Entlastung des Körpers von der Verdauung und Verwertung der Nahrung gibt ihm die Möglichkeit, seine Kraft auf die Abwehr von Krankheitsursachen zu konzentrieren; bei vielen Krankheiten weist uns der Körper ohnehin schon selbst den Weg zum Nahrungsverzicht, weil der Appetit verringert wird.
- Außerdem befreit das Fasten den Organismus von Schlacken, Giftstoffen, Zell- und Gewebstrümmern, die seine Abwehrkräfte schwächen; sobald sie ausgeschieden wurden, können die Selbstheilungskräfte sich wieder erfolgreicher mit bestehenden Krankheiten auseinandersetzen.
- Hinzu kommt schließlich noch, daß Fasten den Körper kräftigt und verjüngt, eine Wirkung, die natürlich auch den Abwehrfunktionen zugute kommt.

Heute leiden zahlreiche Menschen unter mehr oder minder stark ausgeprägter Abwehrschwäche. Das erklärt sich hauptsächlich aus ungesunder Ernährung, falschen Lebensgewohnheiten und zunehmend auch durch die

Verschmutzung unserer Umwelt. Dadurch werden viele Krankheiten begünstigt, angefangen bei harmlosen Erkältungskrankheiten, die abnorm häufig auftreten können, bis hin zu Krebs. Nach der Fastenkur hat sich die Abwehr meist wieder soweit stabilisiert, daß sie zukünftig ausreichenden Schutz vor Krankheiten bietet. Das setzt jedoch voraus, daß man nach beendeter Kur nicht wieder zu den falschen Ernährungs- und Lebensgewohnheiten zurückkehrt, sonst läßt die Abwehrkraft bald wieder nach.

Gründliche Entschlackung und Entgiftung

Zu den wichtigsten Wirkungen einer Fastenkur gehört die gründliche innere Reinigung. Zwar muß man dazu nicht unbedingt fasten, aber es gibt keine andere Heilmethode, die den Organismus so rasch und gründlich entschlakken und entgiften kann. Diese hervorragende Wirkung erklärt sich aus der Entlastung des Körpers von der Verdauungs- und Stoffwechselarbeit während der Fastenkur. Er kann sich deshalb auf die Generalreinigung konzentrieren. Neue Schlacken und Giftstoffe werden während der Kur nicht zugeführt und fallen auch im Stoffwechsel nicht an. Im allgemeinen wird daher auch die Belastung, die mit der gründlichen Reinigung für Stoffwechsel, Blut, Leber, Nieren und Darm verbunden ist, gut vertragen.

Die innere Reinigung ist gerade für den heutigen Menschen ungemein wichtig. Falsche Ernährungs- und Lebensgewohnheiten verschlacken die Gewebe und Zellen, hinzu kommt der häufige Mißbrauch von Genuß- und/oder Arzneimitteln, nicht zuletzt die Belastung durch Schadstoffe der Umwelt, die mit der Nahrung und Atemluft aufgenommen werden, und schließlich trägt auch noch die verbreitete chronische Darmträgheit mit zur Verschlackung und Selbstvergiftung bei. Als Folgen entstehen vor allem Stoffwechselstörungen, rheumatische Krankheiten, chronische Abwehrschwäche und vorzeitige Alters- und Abnutzungserscheinungen, außerdem erhöht sich das Krebsrisiko.

Zu Beginn einer Fastenkur greift der Körper zunächst auf seine Zucker- und Fettreserven zurück und verlangsamt gleichzeitig leicht den Stoffwechsel. Wenn die Zuckerreserven in Muskeln und Leber nach 2–3 Tagen aufgebraucht sind, werden alle Körperfunktionen auf »Sparflamme« umgeschaltet. Das erfolgt zum Teil über das vegetative, dem Willen nicht unterstehende Nervensystem. Im Alltag überwiegt darin der Sympathikusnerv, der für Aktivität mit Energieverbrauch zuständig ist. Während der Fastenkur gewinnt sein Gegenspieler, der Parasympathikusnerv, die Oberhand

und schaltet auf Ruhe, Erholung und Entspannung um. Daraus erklären sich auch die geistig-seelischen Wirkungen der Fastenkur, auf die wir später noch zu sprechen kommen.
Im weiteren Verlauf geht der Organismus dann daran, seinen verringerten Energiebedarf durch körpereigene Stoffe zu decken. Das Fett wird allmählich verbraucht, alte und geschwächte Zellen, Gewebstrümmer, Abbauprodukte aus Entzündungsherden und andere nutzlose Schlacken werden verwertet. Gleichzeitig kommt es zur Ausschwemmung von Gift- und Schadstoffen, die nicht zur Energiegewinnung verbrannt werden können, also chemische Nahrungszusätze, Arzneimittelrückstände, Umweltschadstoffe und andere nicht organische Schlacken.
Diese gründliche Entschlackung und Entgiftung wirkt sich sehr günstig auf die Körperfunktionen aus. Zellen und Gewebe können wieder freier »atmen«, sich regenerieren und verjüngen. Das fördert das allgemeine körperliche und seelische Wohlbefinden und hilft mit, Krankheiten aus eigener Kraft zu überwinden. Die vorher durch Schlacken und Gifte geschwächten Abwehrfunktionen gewinnen wieder an Wirksamkeit und tragen gleichfalls zur Heilung bei.
Anhalten werden diese Wirkungen aber nur, wenn man nach beendeter Fastenkur nicht wieder die gesundheitsschädlichen alten Gewohnheiten aufnimmt. Sonst verschlacken die Gewebe und Zellen bald wieder und die gerade überwundenen Krankheiten (oder neue) treten auf. Dies muß man sich immer vor Augen halten, wenn man sich zum Fasten entschließt. Zwar wirkt die Kur auch dann noch einige Zeit nach, wenn man hinterher keine grundlegende Reform der falschen Ernährungs- und Lebensgewohnheiten einleitet, aber der Sinn der Fastenkur besteht ja nicht darin, nur die Folgen des früheren Fehlverhaltens für einige Zeit zu beseitigen, sondern die Wende zu einem gesünderen Leben auf Dauer einzuleiten.

Normalisierung des Übergewichts

Es leuchtet ein, daß der Verzicht auf Nahrung die überflüssigen Pfunde abbaut. Fastenkuren werden oftmals sogar als eine besonders radikale Form der Schlankheitskur verstanden, ihre anderen positiven Wirkungen sind noch viel zu wenig bekannt.
Auch als Schlankheitskur bietet das Fasten einige überzeugende Vorteile im Vergleich zu den üblichen Reduktionsdiäten. Besonders hervorzuheben sind die folgenden:

- Rasche Gewichtsabnahme besonders zu Beginn der Kur, die als Erfolgserlebnis gut zum Durchhalten motiviert.
- Keine Diätpläne mit genauer Berechnung der zugeführten Kalorien, die vielen Menschen schwerfällt; erfahrungsgemäß ist es oft einfacher, überhaupt nichts zu essen, als die Nahrungsaufnahme ständig streng zu kontrollieren.
- Günstiger Einfluß auf die Folgen des Übergewichts, wie er durch die üblichen Schlankheitskuren nicht zu erreichen ist, mit der Fastenkur schlagen Übergewichtige also zwei Fliegen mit einer Klappe.

Sinnvoll ist eine Fastenkur zur Reduzierung des Übergewichts aber nur unter der Voraussetzung, daß man danach die alten Ernährungsfehler konsequent vermeidet. Andernfalls kommt es unweigerlich wieder zur Gewichtszunahme; bei rund 80% aller Übergewichtigen, die sich einer Schlankheitskur unterzogen haben, ist das innerhalb eines Jahres der Fall. Oft spielt dabei auch das Seelenleben eine wichtige Rolle, denn Essen wird vielfach als Ersatzhandlung bei unbefriedigten Bedürfnissen, Einsamkeit, Kummer und anderen seelischen Störungen mißbraucht. Dagegen kann die geistig-seelische Umstimmung helfen, die beim Fasten eintritt. Verstärkt wird sie, wenn man gleichzeitig positive Selbstbeeinflussung – zum Beispiel *autogenes Training* – betreibt. Beim Fasten in einer Gruppe Übergewichtiger kommen außerdem noch gruppendynamische psychosoziale Vorgänge hinzu, die in einer Art Gruppenpsychotherapie mit zur dauerhaften Beseitigung des Übergewichts vom »Kopf« her beitragen.
Nach der Fastenkur hat es sich oft bewährt, sich einer Selbsthilfegruppe anzuschließen, um Rückfällen in das alte Verhalten vorzubeugen. Solche Gruppen gibt es heute schon an vielen Orten, zum Beispiel die Overeaters Anonymous, die nach dem Vorbild der anonymen Alkoholiker arbeiten. Man kann aber auch eine eigene Gruppe ins Leben rufen; dazu genügt meist eine einzige Kleinanzeige in der örtlichen Zeitung, Interessenten werden sich mehr als genug melden.
Das Ziel der Fastenkur bei Übergewicht ist die Rückkehr zum gesundheitlich unbedenklichen Normalgewicht. Geringfügige Über- oder Unterschreitungen dieses Gewichts sind bedeutungslos.
Nach erfolgreicher Fastenkur sollte die regelmäßige Gewichtskontrolle beibehalten werden, damit man erneutes Übergewicht bereits im Ansatz erkennt und sofort dagegen angehen kann. Meist genügen 1–2 Fastenschalttage, um die geringfügige beginnende Erhöhung des Körpergewichts

zu beseitigen. Allerdings darf man sich damit nicht zufriedengeben, sondern muß untersuchen, welche Ernährungsfehler wieder zum Übergewicht zu führen drohen; diese sind dann konsequent auszuschalten.

Geistig-seelische Reaktionen

Körper, Geist und Seelenleben bilden eine Ganzheit und stehen in ständiger Wechselbeziehung miteinander. Die Wirkung der Fastenkur beschränkt sich deshalb nicht auf den Organismus, sondern verändert auch die geistig-seelischen Funktionen positiv. Somit wird Fasten dem Ganzheitsprinzip der Naturheilkunde gerecht.

Die geistig-seelische Umstimmung beginnt bereits in den ersten Tagen einer Fastenkur. Zunächst treten zwar infolge des Nahrungsverzichts (wie man es auch bei Schlankheitskuren erlebt) oft innere Unruhe, Gereiztheit und ähnliche unangenehme seelische Symptome auf, aber bald stellt das vegetative Nervensystem seine Funktionen um. Normalerweise herrscht darin am Tag der Sympathikusnerv vor, der zur Aktivität und Kraftentfaltung mit Energieverbrauch führt und uns so in die Lage versetzt, die Aufgaben des Alltags zu bewältigen. Zur Einschränkung des Energieverbrauchs während der Fastenkur gewinnt aber allmählich der Parasympathikusnerv immer mehr an Gewicht. Das führt zur allgemeinen Beruhigung und Entspannung. Bei längeren Fastenkuren läßt sich diese vegetative Umstimmung, die sich auch auf das Seelenleben auswirkt, durchaus mit der vergleichen, die man durch autogenes Training, Joga und andere Techniken zur Selbstentspannung und positiven Selbstbeeinflussung erst nach längerem Training erreichen kann.

Als Folge der Umstimmung des vegetativen, durch Verstand und Willen nicht direkt zu beeinflussenden Nervensystems fühlt man sich nach den ersten Fastentagen schon deutlich wohler und besserer Stimmung. Später erleben viele Fastende dann auch, wie ihr Denken klarer und positiver wird, Gedächtnis, Konzentration und geistige Aufnahmefähigkeit zunehmen und das geistige Leistungsvermögen sich insgesamt verbessert. Negative innere Einstellungen, Erwartungen und Vorstellungen, die heute das Leben vieler Menschen überschatten und Krankheiten begünstigen, können vollständig verschwinden, Konflikte und andere Lebensprobleme werden wieder ins rechte Lot gerückt und verlieren an Bedeutung, selbst wenn sie vorher schwer belasteten und unlösbar erschienen. Das klarere Denken kann Lösungen aufzeigen, die vorher durch eingefahrene negative Denkgewohnheiten blockiert wurden, und läßt vielleicht sogar neue Lebensinhalte er-

kennen, die nach der Kur zu einem sinnvoller erfüllten Leben beitragen. Wenn man diese geistig-seelischen »Nebenwirkungen« einer Fastenkur betrachtet, dann scheint es, als ob die körperliche Entschlackung und Entgiftung mit einer geistig-seelischen Reinigung einhergeht und neben den körperlichen auch die seelischen Widerstandskräfte aktiviert werden. Fasten kann also auch im geistig-psychischen Bereich am Anfang einer großen Wende stehen.
Verbessert wird die geistig-seelische Umstimmung noch, wenn man während der Fastenkur autogenes Training oder eine andere Methode zur Entspannung und positiven Selbstbeeinflussung betreibt.
Auch die geistig-seelischen Auswirkungen einer Fastenkur können noch lange anhalten, wenn man sich im Alltag nicht gleich wieder von den früheren negativen Gedanken und Vorstellungen beherrschen läßt. Dabei helfen ebenfalls autogenes Training und ähnliche Methoden.

Anwendungsgebiete und Gegenanzeigen der Fastenkur

Fastenkuren wirken ganzheitlich und tiefgreifend und zeichnen sich deshalb durch eine breite Palette der Anwendungsmöglichkeiten aus. Im Vordergrund stehen die ernährungsabhängigen Zivilisationskrankheiten, über die weiter vorne ausführlich berichtet wurde.
Natürlich muß man nicht erst abwarten, bis das Kind in den Brunnen gefallen, also eine Krankheit eingetreten ist. Auch zur Vorbeugung von Erkrankungen kann Fasten empfohlen werden. Es beseitigt die Risikofaktoren, die durch falsche Ernährungs- und Lebensgewohnheiten entstanden sind, ehe sie überhaupt eine Krankheit verursachen können.
Allerdings darf nicht jeder eine Fastenkur durchführen. Einige Gesundheitsstörungen verbieten das Fasten grundsätzlich, bei anderen kann immer nur je nach Einzelfall vom Therapeuten entschieden werden, ob eine Fastenkur erlaubt ist.

Fasten zur Gesundheitsvorsorge

Heute wird zwar immer wieder darauf hingewiesen, daß sich die durchschnittliche Lebenserwartung des Menschen deutlich erhöht hat, aber dabei wird vergessen, daß wir noch längst nicht die Lebensdauer erreichen, für die

wir von der Natur wahrscheinlich vorprogrammiert wurden. Geht man davon aus, daß die Gehirnzellen die natürliche Lebenserwartung des Menschen bestimmen, dann müßten wir alle 108 bis 120 Jahre alt werden. Aber dieses biblische Alter erreicht bei uns kaum jemand, im Durchschnitt leben wir etwa 30 bis 40 Jahre zu kurz.
Natürlich kann auch die Fastenkur nicht versprechen, daß man so alt wird. Aber sie trägt durch Verminderung verbreiteter Gesundheitsrisiken und Aktivierung der körpereigenen Abwehr- und Selbstheilungsregulationen dazu bei, die unnötige Verkürzung der durchschnittlichen Lebenserwartung und die oft schon in der Lebensmitte einsetzenden vorzeitigen Alters- und Abnutzungserscheinungen zu vermeiden. Deshalb eignen sich regelmäßige Fastenkuren gut zur Gesundheitsvorsorge.
Die Vorbeugung durch eine Fastenkur erklärt sich hauptsächlich aus folgenden Wirkungen:

- Unspezifische Anregung der körpereigenen Abwehr- und Widerstandskräfte, die sich praktisch gegen alle Krankheitsursachen richten; da falsche Ernährung oft zur Halbgesundheit mit Abwehrschwäche führt, spielt die Aktivierung der Körperabwehr eine wichtige Rolle bei der Gesundheitsvorsorge.
- Gründliche Entgiftung und Entschlackung der Gewebe und Zellen, die heute durch Fehlernährung, Genußmittelmißbrauch und Umweltgifte chronisch belastet werden; das behindert unter anderem die Zellerneuerung und schwächt die Abwehrkräfte, so daß vorzeitige Abnutzungs- und Alterserscheinungen drohen; die Fastenkur beseitigt dieses Gesundheitsrisiko besser als jede andere Entschlackungs-(»Blutreinigungs-«)kur.
- Abbau der häufigsten Risikofaktoren, die vor allem das Herz-Gefäß-System gefährden und Stoffwechselkrankheiten begünstigen; dazu gehören hauptsächlich zu hohe Blutfett- und Blutgerinnungswerte, Störungen des Zucker- und Harnsäurestoffwechsels, Übergewicht und chronische Darmträgheit.
- Heilung von Zivilisationskrankheiten im Frühstadium, die noch keine nennenswerten Beschwerden verursachen, insbesondere der ersten Ablagerungen in den Arterienwänden.
- Vorübergehende Entlastung des Stoffwechsels, der Verdauungs- und anderer innerer Organe, so daß sie sich wieder erholen und regenerieren können; dadurch verschwinden viele Funktionsstörungen, aus denen sich später Krankheiten entwickeln könnten.

- Abbau des verbreiteten Arzneimittelmißbrauchs, weil durch die Fastenkur viele Beschwerden verschwinden, so daß überhaupt keine Medikamente mehr erforderlich werden; gleichzeitig kann die Fastenkur durch Entgiftung die Rückstände chemischer Arzneimittel wieder aus dem Körper entfernen.
- Störungen der Leistungsfähigkeit, wie abnorme Müdigkeit, Erschöpfungszustände, Nervosität, Konzentrations- und Gedächtnisstörungen und ähnliche Symptome, die häufig als unklare Warnzeichen der Mesotrophie auftreten, werden beseitigt.
- Geistig-seelische Umstimmung, die sich positiv bei vielen Konflikten, Problemen des Alltags, negativen Gedanken, Verhaltensstörungen und depressiven Verstimmungen auswirkt und auch die verbreiteten psychosomatischen Krankheiten günstig beeinflußt.

Fastenkuren tragen also mehr als viele andere Heilverfahren zur Gesundheitsvorsorge bei und sind deshalb grundsätzlich jedem »Halbgesunden« zu empfehlen, der durch falsche Zivilisationskost, ungesunde Lebensführung, Genußmittelmißbrauch und wachsende Umweltverschmutzung dauernd gefährdet wird. Wer allerdings nur regelmäßig fastet, um die Folgen falscher Ernährungs- und Lebensgewohnheiten in der Zeit zwischen den Fastenkuren zu beseitigen, mißbraucht dieses Heilverfahren ebenso wie jener, der unkritisch Arzneimittel einnimmt, um den Zivilisationskrankheiten vorzubeugen, anstatt deren Risikofaktoren zu überwinden. Zwar läßt sich dadurch die Entstehung von Erkrankungen verzögern, aber das ist ja nicht der Sinn der Gesundheitsvorsorge durch Fasten. Die Gesundheitspflege muß ganzheitlich erfolgen und auch nach beendeter Fastenkur alle Risikofaktoren konsequent vermeiden. Das Fasten soll also am Beginn eines gesundheitsbewußteren Lebens stehen, das die günstigsten Aussichten auf ein hohes Alter in körperlich-geistiger Rüstigkeit bietet.

Heilung ernährungsabhängiger Krankheiten

Die übliche falsche Zivilisationskost, verschlimmert durch andere Fehler der Lebensweise, trägt zu vielen Krankheiten bei, auch wenn diese auf den ersten Blick überhaupt nichts mit der Ernährung zu tun haben. Selbst Infektionskrankheiten durch Bakterien und Viren, bei denen man keinerlei Zusammenhang mit der Ernährung zu erkennen glaubt, lassen sich oft teilweise aus ernährungsbedingter Abwehrschwäche erklären. Deshalb kann

eine Fastenkur nicht nur dann zur alleinigen oder ergänzenden Therapie empfohlen werden, wenn die Beziehungen zwischen Ernährung und Krankheit offensichtlich sind, sondern als unspezifische Grundbehandlung auch bei zahlreichen anderen Erkrankungen. Eine Domäne des Fastens stellen die meist chronisch verlaufenden Zivilisationskrankheiten dar.
Als tiefgreifend wirksames Heilmittel muß die Fastenkur gegen Krankheiten immer nach fachmännischer Verordnung durchgeführt werden. Ob man ambulant unter regelmäßiger Überwachung des Therapeuten, in der Klinik oder im Sanatorium fastet, kann nur im Einzelfall entschieden werden. Grundsätzlich gilt, daß zumindest alle längeren Fastenkuren, wie sie vor allem bei ernsteren, chronischen Krankheiten erforderlich sind, stationär durchgeführt werden sollten.
Es würde den Rahmen dieses Buchs weit übersteigen, alle möglichen Anwendungsgebiete der Fastenkur darzustellen. Wir beschränken uns auf die wichtigsten Krankheiten, bei denen sich Fasten an der Kurpark-Klinik Überlingen unter der Leitung von Dr. Lützner gut bewährt hat. Im Vordergrund stehen die verbreiteten Herz-Gefäß- und Stoffwechselkrankheiten, die zu wahren »Zivilisationsseuchen« des heutigen Menschen geworden sind.

Herz-Gefäß-Krankheiten

Die Erkrankungen des Herz-Gefäß-Systems stehen fast immer zumindest teilweise mit Fehlern der Ernährung und Lebensweise in Zusammenhang. Bewegungsmangel, Übergewicht, zu fett- und eiweißreiche Kost und übermäßiger Streß gelten als die Hauptrisiken. Durch Fasten können sie wieder beseitigt werden; die Kur baut Übergewicht ab, normalisiert die Blutfettwerte, verbrennt die Fett-Eiweiß-Einlagerungen in den Arterienwänden und beeinflußt durch die geistig-seelischen Reaktionen auch die psychischen Faktoren günstig.
Am Beginn vieler Herz-Gefäß-Krankheiten steht die *Arterienverkalkung*. Diese Verengung und Verhärtung der Blutgefäße ist besonders gefürchtet, weil sie Herzinfarkt und Schlaganfall begünstigt. Bei fortgeschrittener Arteriosklerose kann auch Fasten die Gefäßveränderungen nicht mehr rückgängig machen, sondern nur noch zu einer Besserung führen und vor allem das weitere Fortschreiten der Krankheit hemmen; rechtzeitig durchgeführte Fastenkuren mit konsequenter Reform aller Fehler der Ernährungs- und Lebensweise heilen die beginnenden Gefäßveränderungen zum Teil sogar noch vollständig aus.
Zu den häufigsten Folgen der Arterienverkalkung gehört der *Bluthochdruck*, der umgekehrt die Arterienschäden verschlimmert. Im Verlauf einer

Fastenkur wird er oft normalisiert; allerdings tritt diese Wirkung nicht in jedem Fall ein und hält nach der Kur auch nicht immer an. Vermutlich erklärt sich die Normalisierung zu hoher Blutdruckwerte mit aus der fehlenden Kochsalzzufuhr während der Fastenkur, denn der heute übliche hohe Kochsalzkonsum gilt als eine der wichtigsten Ursachen des Bluthochdrucks. Wenn auch nach der Kur sparsamer mit Kochsalz umgegangen wird, kann sich der Blutdruck dauerhaft stabilisieren.
Für den Herzmuskel bedeutet Fasten eine deutliche Entlastung, die bestehende Erkrankungen des Organs meist spürbar lindert. Besonders deutlich hilft die Fastenkur oft bei *Angina pectoris* mit Verkrampfung oder Verkalkung der Herzkranzgefäße. Vielfach tritt hier eine deutliche Besserung ein und Komplikationen (vor allem Herzinfarkt) werden verhindert. Auf noch nicht genau geklärte Weise hilft Fasten teilweise auch noch bei *Herzrhythmusstörungen.*
Schließlich ist noch die *bessere Durchblutung* vor allem der Beine bei Krampfadern und die mögliche Heilung hartnäckiger *Krampfadergeschwüre* (offenes Bein) durch Fasten hervorzuheben.
Zusammenfassend kann man also feststellen, daß Fastenkuren zu den hervorragenden Heilmitteln bei Zivilisationskrankheiten des Herz-Gefäß-Systems gehören. Bei frühzeitiger Durchführung können sie diese Erkrankungen noch ausheilen, in fortgeschrittenen Fällen oft wenigstens noch die gefürchteten Komplikationen verhüten.

Stoffwechselkrankheiten

Zuckerkrankheit und *Gicht*, die häufigsten Stoffwechselstörungen, stehen meist mit falschen Ernährungs- und Lebensgewohnheiten in Beziehung. Die Fastenkur hilft gut bei der Therapie, macht aber gerade bei der Zuckerkrankheit die übrigen Behandlungsmethoden nicht überflüssig.
Beim Diabetes trägt hauptsächlich die Stoffwechselentlastung und Normalisierung von Übergewicht während der Fastenkur zur Besserung bei. Von Selbstversuchen durch Fasten muß dringend abgeraten werden, dadurch kann der Stoffwechsel entgleisen. Unter fachmännischer Aufsicht am besten stationär durchgeführte Fastenkuren, gefolgt von der konsequenten Reform aller Fehler der Ernährung und ausreichend Bewegung, hat sich das Fasten bei Zuckerkrankheit gut bewährt.
Gicht wird hauptsächlich durch die gründlich entgiftende und entschlakkende Wirkung der Fastenkur günstig beeinflußt. Auch hier gilt aber wieder, daß Fasten nur dann eine dauerhafte Besserung einleiten kann, wenn man nach der Kur weiterhin alle Risikofaktoren vermeidet.

Erkrankungen der Verdauungsorgane

Fasten bedeutet für das Verdauungssystem eine zeitweilige Entlastung. Bei *akuten Magen-Darm-Verstimmungen* mit Durchfall und Erbrechen hat sich deshalb das kurze Teefasten mit Heilkräutern für 1–3 Tage gut bewährt. Man kann es in offensichtlich einfachen Fällen auch in eigener Verantwortung durchführen. Wenn aber der Verdacht auf eine ernstere Infektionskrankheit besteht oder durch das Teefasten nicht bald eine deutliche Besserung erzielt wird, muß unbedingt der Arzt konsultiert werden.
Bei den verbreiteten *chronischen Erkrankungen* des *Verdauungssystems* eignen sich Fastenkuren nur bedingt, wenn sie ausdrücklich vom Therapeuten verordnet wurden. Lediglich bei der *chronischen Dickdarmentzündung* (Kolitis) hat sich das Fasten meist sehr gut bewährt.
Empfehlenswert ist Fasten ferner bei *Leberleiden,* insbesondere bei der verbreiteten Fettleber. Aber sogar eine Leberzirrhose im Frühstadium läßt sich durch eine Fastenkur häufig noch deutlich bessern oder ganz ausheilen. In solchen Fällen darf die Kur aber selbstverständlich nur nach fachmännischer Verordnung angewendet werden.
Schließlich wird über gute Erfahrungen mit Fastenkuren auch noch bei manchen *Erkrankungen der Bauchspeicheldrüse* berichtet. Auch hier gilt der Grundsatz, daß nur nach fachmännischer Verordnung am besten in der Klinik oder im Sanatorium gefastet werden darf.

Hautkrankheiten

Die Haut ist keine bloße Hülle, die das Körperinnere gegen die Umwelt abgrenzt, sondern das größte Organ des Körpers mit zahlreichen, zum Teil lebenswichtigen Aufgaben. Nach neusten Forschungsergebnissen aus den USA spielt sie sogar als *Abwehrorgan* eine wesentlich wichtigere Rolle, als bisher bekannt war.
Unter anderem arbeitet die Haut auch als *Ausscheidungsorgan* und leidet deshalb besonders unter der Anhäufung von Schlacken und Giftstoffen im Körper. Darauf reagiert sie mit Unreinheiten und Entzündungen, die oft chronisch verlaufen. Die Fastenkur bewirkt durch gründliche innere Reinigung, daß diese Hautreaktionen ausheilen und die Haut sichtbar verjüngt wird.
Gute Ergebnisse wurden durch Fastenkuren auch bei der hartnäckigen *Schuppenflechte* erzielt. Zwar kennt man ihre Ursachen noch nicht genau, aber es gibt Hinweise darauf, daß Abbau von Übergewicht und eine stark fettreduzierte Kost die Besserung oder vollständige Heilung begünstigen. Diese Reform falscher Ernährungsgewohnheiten kann durch eine Fastenkur eingeleitet werden. Es wird von Fällen berichtet, in denen mehrere

Fastenkuren im Verlauf eines Jahres die Schuppenflechte vollständig heilten, selbst wenn vorher durch Arzneimittel keine Besserung zu erzielen war. Grundsätzlich kommt die Fastenkur auch bei zahlreichen anderen *chronischen Hautleiden* zur Behandlung von innen in Betracht. Es ist ohnehin ein verbreiteter Irrtum, daß bei Hautkrankheiten die Therapie von außen genügt. In der Praxis erlebt man immer wieder, daß chronische, auch seelisch stark belastende Hautleiden erst dann völlig heilen, wenn man auch die Ernährung und Lebensweise umstellt.

Krankheiten der Harn- und Geschlechtsorgane

Fasten kann in diesem Organsystem vor allem bei *Entzündungen der Nieren* und *Nierenschrumpfung* empfohlen werden. Dadurch läßt sich in schweren Fällen unter Umständen die Zerstörung der Nieren verhindern, die sonst regelmäßige Blutwäsche mit der künstlichen Niere oder eine Nierentransplantation erforderlich macht. Selbstverständlich darf die Fastenkur in solchen Fällen nur in einer Klinik durchgeführt werden.

Bei hartnäckigen *Blasenentzündungen,* unter denen hauptsächlich Frauen leiden, kann auch einmal eine ambulante, regelmäßig vom Therapeuten überwachte kurze Fastenkur nützlich sein.

Versuchsweise kommt das Fasten auch bei *Nierensteinleiden* in Frage. Zuweilen gelingt es auf diese Weise, die Steine so zu verändern, daß sie zu Nierengrieß zerfallen, der dann auf natürlichem Weg mit dem Urin ausgeschieden wird. Dise Behandlung erfordert ebenfalls fachmännische Zustimmung, am besten die Kur in der Klinik.

Im Bereich der Geschlechtsorgane ist besonders die Wirkung der Fastenkur bei *gutartigen Muskelgeschwülsten* (Myomen) der Gebärmutter hervorzuheben. Ehe man einer chirurgischen Entfernung zustimmt, sollte man zunächst unter fachmännischer Aufsicht eine Fastenkur durchführen. Der Körper kann die *Myome* dabei nämlich ähnlich wie überflüssiges Fett und Schlacken abbauen, so daß die Operation überflüssig wird.

Außerdem kann der Versuch mit Fasten bei *Unfruchtbarkeit der Frau* empfohlen werden. Zwar weiß man noch nicht genau, wie Fasten in solchen Fällen wirkt, und die Kur hilft auch nicht immer, aber die Wirkung steht in einzelnen Fällen außer Frage. Man beobachtete auch, daß nach einer Fastenkur mehr männliche Kinder geboren werden, kann das jedoch noch nicht schlüssig erklären.

Rheumatische Krankheiten

Erkrankungen des rheumatischen Formenkreises stehen häufig mit der Anhäufung von Gift- und Schlackenstoffen im Gewebe in Zusammenhang.

Auch bei *Arthrosen* spielen neben Bewegungsmangel, der die Gelenke »einrosten« läßt, falsche Ernährungsgewohnheiten meist eine wichtige Rolle, weil sie vorzeitige Abnutzungserscheinungen begünstigen.
Fasten hilft hauptsächlich bei *chronischen Gelenkentzündungen* und *Arthrosen.* Die Wirkung erklärt sich aus der Gift- und Schlackenausscheidung, Normalisierung des Stoffwechsels der Gelenke und Anregung der Körperabwehr. Ferner erzielt man durch den Abbau von Übergewicht eine Entlastung der Gelenke, Bandscheiben und anderer Teile des Stütz- und Bewegungsapparates, die dem Fortschreiten der Überlastungsschäden vorbeugt, sofern das Körpergewicht danach konsequent im Bereich der Norm gehalten wird. Schließlich kann die Fastenkur auch noch Therapieschäden beseitigen, die durch Langzeiteinnahme von chemischen Rheumamitteln auftreten. Daher gehören rheumatische Krankheiten zu den wichtigsten Heilanzeigen einer Fastenkur.

Kopfschmerzen und Migräneanfälle
Häufig wiederkehrende Kopfschmerzen und quälende Migräneanfälle stehen oft mit der Verschlackung der Gewebe in Zusammenhang. Die gründliche innere Reinigung, die man durch eine Fastenkur erreicht, trägt deshalb meist viel zur Besserung oder Ausheilung bei. Außerdem werden auch die durch langdauernde Einnahme von chemischen Schmerzmitteln oft eingetretenen Therapieschäden im Verlauf einer Fastenkur wieder gebessert. Schließlich darf man auch nicht vergessen, daß bei Kopfschmerzen und Migräne oft auch seelische Einflüsse eine Rolle spielen, die im Verlauf der Fastenkur günstig beeinflußt werden können.

Infektionskrankheiten
Bei akuten Infektionen weist der Körper oft selbst darauf hin, daß vorübergehender Nahrungsverzicht angezeigt ist, weil sich der Appetit vermindert. Vor allem bei einfachen *Magen-Darm-Katarrhen* kann Kurzfasten mit geeigneten Kräutertees für 1 bis 3 Tage die Krankheit rasch überwinden, wie weiter vorne bei den Erkrankungen der Verdauungsorgane bereits beschrieben wurde. Selbsthilfe ist aber nur in offensichtlich leichteren Fällen erlaubt. *Chronische Infektionen* und *symptomarme Krankheitsherde,* die durch Fernwirkung zahlreiche Körperfunktionen stören können, erfordern eine Fastenkur unter fachmännischer Aufsicht. Man erzielt dadurch eine Anregung der Körperabwehr, Ausscheidung von Schadstoffen, die sich im Verlauf einer längeren Infektionskrankheit anhäufen, und eine heilungsfördernde ganzheitliche Umstimmung.

Andere Heilanzeigen

Wegen ihrer günstigen Auswirkungen auf das Allgemeinbefinden und die Selbstheilungsregulationen von Körper, Geist und Seelenleben eignen sich Fastenkuren auch noch bei einer Reihe anderer Krankheiten gut, um die Therapie zu ergänzen. Sie können nicht alle aufgeführt werden, die Entscheidung bleibt ohnehin immer dem Therapeuten vorbehalten. Auf zwei interessante Möglichkeiten soll aber noch kurz eingegangen werden: *Zahnfleischschwund* und *grüner Star* (Glaukom).

Der *Zahnfleischschwund* ist heute weit verbreitet. Nach dem 30. Lebensjahr führt er häufiger als Karies zum Verlust der Zähne. Im Verlauf einer Fastenkur kann sich auch diese Zivilisationskrankheit deutlich bessern oder vollständig ausheilen. Allerdings sind zusätzlich oft noch andere örtliche Behandlungsmaßnahmen erforderlich, um die Ursachen zu beseitigen. In der Regel wird man wohl nicht allein wegen der Zahnfleischveränderungen fasten, sondern hauptsächlich aus anderen Ursachen, so daß die Besserung als erwünschte »Nebenwirkung« eintritt.

Beim *grünen Star,* der mit einem Anstieg des Augeninnendrucks einhergeht, hat sich die Fastenkur gleichfalls bewährt. Der erhöhte Augeninnendruck kann sich im Verlauf der Kur normalisieren oder zumindest soweit zurückgehen, daß die vorher notwendigen Medikamente geringer dosiert und die nicht immer erfolgreichen Operationen zur Erhaltung des restlichen Sehvermögens vermieden werden können. Zusätzlich kann in solchen Fällen oft die fachmännische Neuraltherapie empfohlen werden. Da grüner Star im akuten Stadium innerhalb weniger Tage zur völligen Erblindung führen kann, muß aber unbedingt immer der Facharzt zugezogen werden.

Zum Abschluß muß noch auf die häufig gestellte Frage eingegangen werden, ob sich Fasten auch zur *Krebsbehandlung* eignet. Grundsätzlich gehen die meisten Therapeuten davon aus, daß akute Krebskrankheiten zu den Gegenanzeigen der Fastenkur gehören. Einige Therapeuten verweisen aber darauf, daß längere Fastenkuren auch bei Krebs zu guten Ergebnissen führen können. Es scheint, daß der Organismus während der Kur die Krebstumoren als eine Art »Reserve« abbaut. Insbesondere die von dem Laientherapeuten Rudolf Breuß entwickelte Fastenkur mit verschiedenen Säften, die sogar von dem international bekannten Krebsforscher Dr. Dr. G. Seeger befürwortet wird, kann im Einzelfall offenbar gut helfen. Vor Selbstversuchen durch Fasten bei Krebs kann aber nicht genug gewarnt werden; nur der erfahrene Therapeut darf im Einzelfall ausnahmsweise einmal eine längere Fastenkur verordnen, die durch andere Heilverfahren der biologischen Krebsmedizin ergänzt wird. Auch die chirurgische Entfernung eines Tumors wird durch Fasten in der Regel nicht überflüssig.

Uneingeschränkt zu empfehlen sind Fastenkuren zur Krebsvorsorge, da sie verschiedene Krebsrisiken beseitigen können. Abwehrschwäche, Störungen des Stoffwechsels und Verschlackung der Zellen und Gewebe, die aus der Sicht der Biomedizin am Anfang der Krebsentstehung stehen, lange ehe sich eine Geschwulst zu bilden beginnt, werden beim Fasten beseitigt, bereits vorgeschädigte und deshalb krankheitsanfälligere Zellen, Gewebe und Organe können sich regenerieren. Dadurch wird das Krebsrisiko deutlich verringert.
Dauerhafte Krebsvorsorge darf freilich nur erwartet werden, wenn man nach der Fastenkur konsequent alle Risiken ausschaltet. Vollwertige Ernährung, gesundheitsbewußte Lebensführung, Verzicht auf Genußmittel (vor allem Nikotin) und nicht zuletzt eine positive geistig-seelische Lebensgrundeinstellung (Krebs steht vermutlich mit psychischen Faktoren in Zusammenhang) gehören unbedingt zur täglichen Krebsvorsorge.
Sinngemäß gilt alles, was zur Krebsvorsorge gesagt wurde, auch für die Nachbehandlung durch Fastenkuren und andere Naturheilverfahren. Mit einer erfolgreichen Operation werden die Krebsursachen ja nicht beseitigt, sondern nur der Tumor als örtliches Symptom. Wenn die Fehler der Ernährung und Lebensweise danach fortgesetzt werden, besteht die Gefahr eines Rückfalls. Die Mehrzahl der Krebstoten stirbt nicht am ersten Tumor, sondern an einem Rückfall. Je konsequenter nach der Beseitigung des Ersttumors alle Risiken ausgeschaltet werden, desto günstiger sind die Aussichten, die Krankheit vollkommen zu heilen. Fastenkuren unter fachmännischer Aufsicht können dazu einen Beitrag leisten.

Wann darf nicht gefastet werden?

Es gibt kaum eine Heilmethode, die keine Gegenanzeigen aufweist, bei denen auf die Anwendung verzichtet werden muß. Auch eine Fastenkur darf nicht von jedem Menschen durchgeführt werden. Manche Erkrankungen verbieten das Fasten von vornherein, weil es die Krankheit verschlimmern könnte, bei anderen Gesundheitsstörungen ist das Fasten wirkungslos oder nur im begründeten Einzelfall ausnahmsweise einmal angebracht. Die Entscheidung trifft immer der Therapeut je nach individuellem Befund. Im allgemeinen gelten für die Fastenkur die folgenden Gegenanzeigen, sofern der Fachmann nichts anderes verordnet hat:

- *Hohes Alter,* wenn ausgeprägte Altersschwäche mit Abmagerung und Mangelernährung besteht, weil der geschwächte Organismus dann durch Fasten überfordert werden kann und nicht mehr richtig auf den umstimmenden Reiz zu reagieren vermag; grundsätzlich spricht hohes Alter aber nicht unbedingt gegen eine Fastenkur, wenn der Allgemeinzustand sie zuläßt.
- *»Zehrende« Krankheiten,* bei denen der Organismus gleichfalls zu stark geschwächt ist, um noch richtig auf den Reiz der Fastenkur reagieren zu können; dazu gehören vor allem Tuberkulose und Basedowsche Krankheit (schwere Form der Schilddrüsenüberfunktion), mit den im vorangegangenen Kapitel genannten Einschränkungen auch die Krebskrankheiten.
- In der *Rekonvaleszenz* (Genesungszeit), wenn der Körper nach ernsteren Erkrankungen, Infektionen oder Operationen erheblich geschwächt und zur erwünschten Reaktion auf eine Fastenkur nicht mehr in der Lage ist; es gibt aber auch Ausnahmen, in denen die Genesung durch eine Fastenkur nach Verordnung des Therapeuten beschleunigt werden kann.
- *Chronische Entzündungen* und *Geschwüre* des *Magens* und *chronische Darmentzündungen* – ausgenommen die chronische Entzündung des Dickdarms – mit Störungen der natürlichen Besiedlung des Darms mit nützlichen Keimen (Darmflora); im allgemeinen versagt die Fastenkur bei derartigen Erkrankungen oder kann sie sogar noch verschlimmern, es gibt aber auch hier wieder Ausnahmen, in denen der Therapeut die Kur doch verordnen wird.

Wenn man bedenkt, wie viele Anwendungsgebiete für die Fastenkur noch bleiben, erscheint die Zahl der Gegenanzeigen gering. Fasten erweist sich somit als ein Naturheilverfahren mit vielseitiger Wirkung, das gerade für den heutigen Menschen eine zentrale Rolle bei der Erhaltung oder Wiederherstellung der Gesundheit spielen kann.

Ablauf einer Fastenkur

Fastenkuren, die nicht gegen eine akut auftretende einfachere Gesundheitsstörung (wie Magen-Darm-Katarrh) oder zum raschen Abbau von 1–2 kg Übergewicht für einige Tage durchgeführt werden sollen, absolviert man grundsätzlich immer im Sanatorium oder in der Klinik. Zwar gibt es auch

Therapeuten, die längere Fastenkuren unter regelmäßiger ambulanter Kontrolle verordnen, aber das Fasten in der Klinik oder im Sanatorium bietet im Vergleich dazu einige wichtige Vorteile:

- Die stationäre Kur kann meist länger dauern und deshalb vor allem bei bestehenden Krankheiten besser wirken.
- Die ständige Überwachung durch Therapeuten und Pflegepersonal schließt Fehler und Komplikationen während der Kur weitgehend aus.
- Die Lösung vom Alltag mit seinen Problemen und Konflikten und die »Laiengruppenpsychotherapie«, die auch ohne besondere fachmännische Maßnahmen in einer Gruppe Fastender unwillkürlich betrieben wird, trägt viel mit zur geistig-seelischen Umstimmung während der Kur bei, die krankmachende seelische Einflüsse überwinden kann. An der Kurpark-Klinik Überlingen, die im Fernsehfilm vorgestellt wurde, tragen gesellige Abende, gemeinsame Ausflüge und Werken mit zu dieser Laiengruppenpsychotherapie bei.

Die Dauer der Fastenkur richtet sich nach ihrem Zweck und den Reaktionen, natürlich aber auch nach den äußeren Umständen (wie Ablauf der bewilligten/verordneten Kur oder des »Kurlaubs«). Grundsätzlich wird sie stets vom Therapeuten bestimmt. Oft zeigt auch der Körper selbst an, wann der Zeitpunkt zum Abbruch der Kur gekommen ist. Zu den Signalen gehören vor allem Hungergefühle, Rückgang der Beläge auf Zähnen und Zunge und reinere Atemluft.
Im Durchschnitt dauert eine Fastenkur in der Klinik oder im Sanatorium 2 – 3 Wochen. Zur Gesundheitsvorsorge genügen zum Teil auch Kurzkuren von 1–2 Wochen Dauer, die man bevorzugt im Frühjahr oder Herbst durchführt. Längere Fastenkuren können im Einzelfall vor allem bei folgenden Krankheiten und Risikofaktoren angezeigt sein:

- Starkes Übergewicht, versuchsweise auch bei krankhafter – das heißt nicht ausschließlich ernährungsbedingter – Fettsucht.
- Chronische Erkrankungen und Risikofaktoren des Herz-Gefäß-Systems, wie Arterienverkalkung, Bluthochdruck, Angina pectoris, hohe Blutfett- und Blutgerinnungswerte, erhöhtes Infarktrisiko, Krampfadergeschwüre und Störungen der Durchblutung.
- Erkrankungen des rheumatischen Formenkreises, wie Gelenkrheuma, Gelenkabnutzung, Gicht und Bandscheibenschäden.

- Zuckerkrankheit und andere Stoffwechselstörungen; dabei kommt die Fastenkur auch schon zur Beseitigung der Risikofaktoren in Frage, wenn noch keine akute Krankheit besteht.
- Chronische Erkrankungen der Leber, vor allem die verbreitete Fettleber und beginnende Leberzirrhose, hartnäckige Dickdarmentzündungen und Schäden an der Bauchspeicheldrüse.
- Hartnäckige Hautkrankheiten, Schuppenflechte, allergische Hautreaktionen und andere allergische Krankheiten.
- Abbau anderer hartnäckiger Gesundheitsrisiken, die durch eine kürzere Fastenkur nicht beseitigt werden können.

Wesentlich länger als 4 Wochen kann im allgemeinen aber nicht gefastet werden, sofern kein erhebliches Übergewicht als Reserve besteht, weil der Organismus sonst auch gesunde Organe und Gewebe zur Energiegewinnung angreifen kann. Wenn diese Kurdauer nicht genügt, wiederholt man die Fastenkur im Verlauf des Jahres nach Bedarf. Grundsätzlich ist es günstiger, 2mal jährlich je 3 bis höchstens 4 Wochen zu fasten, als durch eine Fastenkur von 5–6 Wochen Dauer den Erfolg erzwingen zu wollen.
Da vielfach falsche Vorstellungen und Vorurteile vom Ablauf einer Fastenkur bestehen, soll sie jetzt in ihren Grundzügen beschrieben werden.

Der Entschluß zum Fasten – Vorüberlegungen und praktische Vorbereitungen

Am Anfang einer Fastenkur, lange bevor man mit der konkreten Planung beginnt, steht immer ein Motiv. Das versteht sich eigentlich von selbst, aber nicht jeder Fastende kommt ausreichend motiviert zur Kur. Deshalb muß sorgfältig überlegt werden, was man mit der Fastenkur erreichen will.
Oft wird der Therapeut den ersten Anstoß geben, indem er gegen Übergewicht, chronische Krankheiten oder Gesundheitsrisiken eine Fastenkur empfiehlt. Aber das genügt nicht unbedingt zur Motivation. Übergewicht und andere Risikofaktoren zum Beispiel verursachen ja oft lange Zeit keine nennenswerten Beschwerden. Viele Menschen sehen deshalb nicht recht ein, weshalb sie sich der Mühe einer Fastenkur unterziehen sollen. Daher darf man sich auch nicht die Gefahren ausmalen, die von gesundheitsschädlichen Gewohnheiten und Risikofaktoren irgendwann einmal ausgehen können, das ist zu vage und außerdem ein negativer Gedanke, der erhebliche innere Widerstände provozieren kann. (Da viele Informationskampa-

gnen zur gesünderen Lebensweise die Risiken falscher Gewohnheiten hervorheben, finden sie oft nicht das erhoffte Echo; jedermann weiß zum Beispiel, daß sich Rauchen verheerend auf die Gesundheit auswirken kann, trotzdem rauchen aber viele unvermindert weiter.) Besser motivieren positive Vorstellungen davon, wie man nach beendeter Kur beispielsweise wieder rank, schlank und fit ist und das Leben wieder genießen kann.

Es fällt sicher nicht immer leicht, solche positiven Motive für die Fastenkur zu finden, denn heute werden viele Menschen von negativen Gedanken, Erwartungen und Vorstellungen beherrscht. Wenn man aber ausreichend lange und gründlich darüber nachdenkt, lassen sich genügend positive Vorstellungen vom Ziel der Fastenkur entwickeln. Sie erleichtern vor allem in den ersten Tagen des Fastens, wenn noch Hungergefühle und psychische Verstimmungen auftreten, das Durchhalten.

Ideal wäre es, sich solche Vorstellungen von den günstigen Veränderungen des Lebens durch die Fastenkur möglichst bildhaft auszumalen und beim autogenen Training oder einer anderen Entspannungs- und Selbstbeeinflussungstechnik ins Unbewußte einzuprägen. Dann kommt man mit positiven Erwartungen zur Kur, was deren Erfolg deutlich verbessern kann.

Aber ganz unabhängig von der Motivation empfiehlt es sich grundsätzlich, rechtzeitig vor Beginn der Fastenkur eine Entspannungsmethode zu erlernen. Dadurch kann man während der Kur die geistig-seelische Umstimmung unterstützen, also das Kurergebnis verbessern.

Sobald diese wichtige innere Vorbereitung auf die Fastenkur eingeleitet wurde, müssen verschiedene praktische Fragen geklärt werden. Zunächst erhebt sich die Frage, wo überhaupt gefastet werden soll und wie es mit den Kosten der Kur aussieht. Darüber spricht man mit dem Therapeuten, der die im Einzelfall besonders gut geeigneten Kliniken und Sanatorien kennt und auch über die Voraussetzungen für eine teilweise oder vollständige Kostenübernahme durch die Krankenkassen informiert. Ehe man die Kur fest bucht, muß die Kostenfrage verbindlich geklärt werden, sonst könnte es ein böses Erwachen geben, wenn die Rechnung präsentiert wird.

Schließlich gilt es, vor der Anmeldung auch noch zu klären, wann die Kur stattfinden soll. Berufstätige müssen die Termine im allgemeinen mit dem Arbeitgeber abstimmen, Nichtberufstätige vielleicht Rücksichten auf Familienangehörige nehmen. Je sorgfältiger man alle diese praktischen Fragen rechtzeitig vor Kurbeginn klärt, desto unbeschwerter kann man dann zur Fastenkur fahren. Spätestens 1 Woche vor Beginn der Kur sollte man sich dann gezielter darauf vorbereiten. Dazu gehört vor allem die Veränderung der bisherigen Ernährungs- und Lebensgewohnheiten. Insbesondere die folgenden Vorbereitungen haben sich gut bewährt:

- Allmähliche Verringerung des vorher (oft) üblichen zu hohen Konsums an Fleisch, Fett und denaturierten Kohlenhydraten, bis man am Tag vor Kurantritt überhaupt keine Fleischprodukte, Süßigkeiten und ähnliches mehr ißt, sondern sich nur noch von vollwertigen pflanzlichen Lebensmitteln ernährt.
- Langsame Verminderung der Kalorienzufuhr auf den tatsächlichen Bedarf oder etwas darunter, wobei man allerdings noch nicht regelrecht hungern darf; am besten ißt man nicht mehr aus Gewohnheit, weil es gerade Zeit für eine Mahlzeit ist, sondern nur noch dann, wenn man wirklich Hunger verspürt.
- Entwöhnung von allen Arzneimitteln, die nicht unbedingt nach Verordnung des Therapeuten regelmäßig eingenommen werden müssen; das gilt vor allem für die meist selbst »verordneten« *Abführ-, Schmerz-* und *Schlafmittel.*
- Strikter Verzicht auf alle Genußmittel, insbesondere *Alkoholika* und *Nikotin;* im Einzelfall kann es erforderlich werden, damit bereits wesentlich früher zu beginnen, wenn man schon in eine Art Abhängigkeit geraten ist, aus der man sich aus eigener Kraft kaum noch befreien kann, weil der Therapeut dann durch geeignete Maßnahmen die Entwöhnung unterstützen wird.
- Umstellung des üblichen Schlaf-Wach-Rhythmus, sofern man (was meist der Fall ist) normalerweise abends nicht zwischen 21 und 22 Uhr zu Bett geht; am besten gewöhnt man sich daran, bald nach 21 Uhr mit der Abendtoilette zu beginnen, dann noch etwas Gymnastik und Entspannungstraining zu betreiben, so daß man bis spätestens 22 Uhr einschläft.

Durch diese Vorbereitungen, die noch von der im nächsten Kapitel beschriebenen seelisch-geistigen Einstimmung auf die Fastenkur ergänzt werden, erleichtert man sich den Übergang zur eigentlichen Kur. Die Maßnahmen sollten wirklich konsequent durchgehalten werden, Verstöße läßt man am besten nicht einreißen. Wer es zum Beispiel in der Woche vor der Fastenkur noch nicht fertigbringt, konsequent auf Nikotin zu verzichten, sondern damit erst (zwangsweise) beim Kurbeginn Ernst macht, muß in den ersten Tagen der Fastenkur neben dem Nahrungsverzicht auch noch den Nikotinentzug verkraften und wird deshalb unnötig unter stärkeren Beschwerden leiden.
Im Einzelfall können zur Vorbereitung auf die Fastenkur noch spezielle weitere Maßnahmen erforderlich werden, die der Therapeut verordnet.

Geistig-seelische Einstimmung auf die Kur

Mit der positiven Motivation zur Fastenkur durch geeignete Vorstellungen, die das Durchhalten erleichtern und die geistig-seelische Umstimmung während der Kur verstärken, beginnt man lange vor Kurbeginn – am besten in dem Augenblick, wo der Entschluß zum Fasten fällt. In der Woche vor Kurbeginn sollte diese positive Einstimmung gezielt verstärkt werden. Dazu versetzt man sich 2- bis 3mal täglich in tiefe Entspannung (am besten durch autogenes Training) und gibt sich dann individuell formulierten positiven Vorsätzen hin; diese werden im Geist (nicht laut sprechen) bei jeder Übung etwa 30mal wiederholt.

Die Formulierung bleibt den persönlichen Vorlieben und Bedürfnissen vorbehalten. Man versucht, positive Vorsatzformeln zu finden, die den persönlichen Problemen möglichst genau gerecht werden. Dazu einige praxisbewährte Beispiele:

»Fasten macht frei und gesund –
ich schaffe die Kur.«
»Ich bin und bleibe ruhig und gelassen,
halte die Kur durch.«
»Fasten gelingt, macht froh und gesund.«
»Ich schaffe es – ich halte durch,
fühle mich froh und wohl dabei –
Hunger vollkommen gleichgültig.«

Wenn diese Beispiele persönlich zusagen, kann man sie unverändert zur Selbstbeeinflussung übernehmen; andernfalls sollten sie individuell variiert werden. Durch die Wiederholung der Vorsatzformeln in der Entspannung finden sie den Weg ins Unbewußte und »programmieren« dann von dort her automatisch gezielt auf den Erfolg der bevorstehenden Fastenkur vor.

Abgesehen davon gehört zur geistig-seelischen Einstimmung auf die Fastenkur auch noch, daß man den Alltagsstreß in der Woche davor langsam ausklingen läßt. Wer bis zum Kurbeginn unter hohem Streß steht, nimmt ihn mit in die Kur – und das kann den Erfolg verzögern. Die Entspannungsübungen helfen dabei, Nervosität, Gereiztheit, Unruhe und ähnliche Streßfolgen zu beseitigen.

Im Beruf sollte man versuchen, alle übermäßigen Arbeitsbelastungen zu vermeiden und sich auf Routinearbeiten zu beschränken. Ein Gespräch mit den Vorgesetzten und Kollegen kann hier für mehr Verständnis sorgen. Aber auch im privaten Lebensbereich meidet man möglichst alle streßrei-

chen Konflikte und Probleme. Dazu ist man auf die Hilfe der Angehörigen angewiesen, mit denen frühzeitig darüber gesprochen werden muß.
Am Tag vor der Fastenkur sollte man möglichst mit sich selbst und der Umwelt in harmonischen Einklang gekommen sein, um frei von Alltagssorgen zur Kur zu reisen. Das fällt nicht immer leicht, aber mit Hilfe des rechtzeitig erlernten Entspannungstrainings erreicht man dieses Ziel.

Der Tag vor dem Fasten

Den ersten Tag vor der eigentlichen Fastenkur verbringt man in der Regel bereits im Sanatorium oder in der Klinik. Hier werden die erforderlichen Voruntersuchungen durchgeführt, zu denen man alle vom heimischen Therapeuten zur Verfügung gestellten Unterlagen mitbringen sollte. Es kann sich empfehlen, zur Ergänzung der Befunde in Stichworten den Verlauf der bestehenden Krankheiten aufzuschreiben, um bei der Anamnese nichts Wichtiges zu vergessen. Aus dem Verlauf einer Erkrankung kann der Therapeut nämlich wichtige Rückschlüsse für die Behandlung ziehen.
Die Ernährung am Vorfastentag wird in der Regel auf 1 000–1 200 kcal eingeschränkt werden, um den Übergang zum Fasten zu erleichtern. Fleischprodukte werden nicht mehr verzehrt, die Fettzufuhr schränkt man weitgehend ein. Hauptsächlich besteht die Kost am Tag vor der Kur aus reichlich vollwertiger Rohkost, ergänzt durch gesäuerte Milchprodukte.
Zu Trinken gibt es vorwiegend kohlensäure- und kochsalzarmes Mineralwasser (bis zu 1,5 l), zusätzlich naturreine Obst-, Gemüse- und Kräutersäfte und 2–3 Tassen ungezuckerten Kräutertee. Damit wird die Ausscheidung über die Nieren angeregt.
Am Vorfastentag beginnt man auch mit dem Bewegungsprogramm, das die ganze weitere Kur begleitet. Gymnastische Übungen führt man morgens und abends unter offenem Fenster oder im Freien durch. Meist trainiert man in der Klinik oder im Sanatorium unter fachlicher Anleitung in der Gruppe. Ergänzt wird die Gymnastik durch ausreichend Bewegung an der frischen Luft, zum Beispiel Spaziergänge in nicht zu mäßigem Tempo. Das Ausmaß der körperlichen Beanspruchung richtet sich nach dem individuellen Leistungsvermögen, das der Therapeut bei der ersten Untersuchung ermittelt. Jede Überanstrengung muß vermieden werden, man darf sich aber auch nicht zu geringfügig belasten, weil sonst kein ausreichender Trainingseffekt erzielt wird.
Wenn die geistig-seelische Einstimmung auf die Kur rechtzeitig in Angriff genommen wurde, fährt man am Vorfastentag wie gewohnt mit der Ent-

spannung und positiven Selbstbeeinflussung fort. Oft wird in der Klinik oder im Sanatorium in der Gruppe unter fachlicher Anleitung geübt.
Wer vorher noch nicht genügend Zeit fand, um richtig abzuschalten und den Streß des Alltags hinter sich zu lassen, sollte die Anspannung am Vorfastentag endlich ausklingen lassen. Es ist jetzt zu spät, sich noch darüber Gedanken zu machen, ob während der Abwesenheit am Arbeitsplatz oder in der Familie alles glatt läuft. Daher sollte man sich mit solchen nutzlosen Überlegungen auch nicht mehr weiter belasten, dadurch wird nur die geistig-seelische Umstimmung behindert und verzögert.
Ab dem Vorfastentag sind endgültig alle Genußmittel verboten. Wer sich rechtzeitig auf das Fasten vorbereitet hat, wird über diese gesundheitsschädlichen Gewohnheiten bereits hinweggekommen sein. Andernfalls hilft jetzt nur der abrupte Bruch mit den Genußmitteln. Während einer Fastenkur dürfen sie niemals verwendet werden, sonst wird der Kurerfolg in Frage gestellt. Die Erfahrung lehrt, daß beispielsweise der Verzicht auf Nikotin leichter fällt, wenn man plötzlich ganz mit dem Rauchen aufhört. Die Fastenkur ist eine gute Gelegenheit, sich ein für allemal von solchen Lastern zu befreien.
Als Schontag endet der Vorfastentag spätestens zwischen 21 und 22 Uhr mit dem Schlafengehen. An diesen frühen Zeitpunkt konnten sich viele Menschen zwar während der Vorfastenwoche noch nicht so recht gewöhnen, trotzdem sollte er eingehalten werden. Einschlafstörungen können dadurch auftreten, aber dagegen dürfen selbstverständlich keine chemischen Schlafmittel eingenommen werden. Autogenes Training oder eine andere Entspannungstechnik erleichtert das ungewohnt frühe Einschlafen, bei Bedarf kann man ein pflanzliches Arzneimittel mit Baldrian und Hopfen als Hauptwirkstoffe einnehmen, um zur Ruhe zu kommen. Obwohl solche Mittel unschädlich sind, sollten sie jedoch nicht während der gesamten Kur, sondern allenfalls anfangs nach Bedarf verabreicht werden. Die Kur soll zu einem gesunden, natürlichen Schlaf-Wach-Rhythmus zurückführen, den man dann auch nach beendeter Kur soweit wie möglich beibehält.
So vorbereitet kann man mit positiven Erwartungen dem 1. Fastentag entgegenschlummern.

Die Fastentage

Wer noch nie gefastet hat, wird am Morgen des 1. Fastentags meist neugierig-skeptisch erwachen. Die meisten Fastenden können sich noch nicht recht vorstellen, daß sie den Nahrungsverzicht tatsächlich durchhalten und fürchten sich auch vor unangenehmen Nebenwirkungen der Fastenkur. Bei ausreichender Motivation und positiver Einstimmung auf die Kur werden solche Zweifel aber rasch wieder der positiven Erwartung weichen, die man durch Entspannungs- und Selbstbeeinflussungstraining weiter verstärken kann.

Der 1. Kurtag fällt oft am schwersten, weil man sich erst noch an die neue Situation gewöhnen muß. Das erfahrene Personal der Klinik oder des Sanatoriums wird darüber hinweghelfen. Hinzu kommt der positive Einfluß der Gruppe, in der man sich während der Fastenkur in der Regel befindet. Gemeinsam können die Gruppenmitglieder ihre Probleme besprechen und durch Austausch von Erfahrungen weitgehend selbständig bewältigen. (Das ist einer der Vorteile, den die stationäre Fastenkur im Vergleich zur ambulanten oft bietet.)

Je nach Organisation in der Klinik oder im Sanatorium wird man morgens unterschiedlich früh geweckt. Manchmal läßt man die Fastenden auch so lange schlafen, bis sie von selbst ausgeschlafen erwachen, aber das ist wegen der damit verbundenen organisatorischen Probleme eher die Ausnahme.

Nach dem Wecken wird zunächst kurz Entspannung mit positiver Selbstbeeinflussung geübt. Danach dehnt, streckt und räkelt man sich ausgiebig, ehe man sich vom Bett erhebt. Vor allem bei niedrigem Blutdruck darf man nur langsam aufstehen, sonst könnte das Blut nach unten versacken und schlimmstenfalls eine Ohnmacht mit Verletzungsgefahr entstehen. (Dieses Problem tritt aber nicht allein beim Fasten, sondern auch im Alltag häufig auf.)

Nach dem Aufstehen gibt es meist 2 Glas zimmerwarmes, kochsalz- und kohlensäurearmes Mineralwasser. Man trinkt es langsam in kleinen Schlukken.

Wenn gemeinsame Gymnastik ausnahmsweise nicht zum Kurprogramm gehört, führt man vor der Morgentoilette unter offenem Fenster oder im Freien 5–10 Minuten lang gymnastische Übungen durch. Je nach individueller Kondition und Gewöhnung kann man statt dessen auch einen kurzen Waldlauf absolvieren; für Untrainierte bedeutet das im allgemeinen aber eine zu große Anstrengung. Normalerweise wird an Fastenkliniken und -sanatorien aber in Gruppen gemeinsam unter fachmännischer Anleitung am Morgen trainiert. Dann führt man die Morgentoilette meist vorher durch. Ihr kommt während der Fastenkur besondere Bedeutung zu, weil es als Folge der Entgiftung oft zu unangenehmen Ausdünstungen und Mundgeruch kommt.

Zur Körperreinigung eignet sich die warme Dusche am besten, die mög-

lichst mit einer kurzen kalten Dusche (abrupt von warm auf kalt umstellen) endet, das trainiert den Kreislauf gut. Zum Abtrocknen verwendet man ein grobes Frotteetuch, danach massiert man ein biologisches Hautpflegemittel, das man sich im Reformhaus besorgt hat, in die Haut ein.
Die Mund- und Zahnpflege muß wegen des häufigen Mundgeruchs besonders sorgfältig erfolgen. Nach dem gründlichen Zähneputzen verwendet man am besten ein biologisches Mundwasser ohne chemische Zusätze aus dem Reformhaus.
Auf die sehr wichtige gründliche Darmreinigung am Morgen kommen wir später noch ausführlich zu sprechen.
Die Gestaltung des Tages hängt mit dem Kurprogramm der Klinik oder des Sanatoriums ab. Neben medizinischen Anwendungen, die der Fastentherapeut individuell verordnet, gibt es meist ein buntes Programm, das wohl für alle etwas bietet. So werden zum Beispiel oft kreative Kurse (wie Töpfern, Zeichnen und ähnliches) angeboten, die jene Anlagen und Fähigkeiten fördern sollen, die im Alltag zu kurz kommen. Ferner können Spaziergänge und Wanderungen (meist unter fachlicher Leitung) entsprechend dem individuellen Leistungsvermögen, psychotherapeutische Gruppensitzungen und andere gemeinsame Unternehmungen in der Gruppe durchgeführt werden. Natürlich bleibt aber auch noch genügend Zeit, um sich mit sich selbst zu beschäftigen, Musik zu hören, Bücher zu lesen und anderen Interessen nachzugehen, für die man in der Hektik des täglichen Lebens kaum Zeit findet. So finden viele Menschen während der Fastenkur nach langer Zeit wieder zu sich selbst und entdecken neue Möglichkeiten der Selbstverwirklichung, die dem Leben nach der Kur eine positive Wende geben können.
Ausreichende Flüsigkeitszufuhr spielt während der gesamten Fastenkur eine wichtige Rolle, damit Gifte und Schlackenstoffe ausgeschwemmt werden können. Nach den 2 Glas Mineralwasser am Morgen gleich nach dem Aufstehen trinkt man im Verlauf des Vormittags noch mehr Wasser – vielleicht spezielles Heilwasser des Kurorts nach Verordnung – und Kräutertee. Bei niedrigem Blutdruck kann der Rosmarintee die sonst vielleicht gewohnte Tasse Kaffee ersetzen; als Genußmittel kommt Kaffee während der Fastenkur nicht in Frage.
Mittags gibt es meist wieder Wasser und Kräutertee. Am besten trinkt man zu der Zeit, wo man gewöhnlich zu Mittag aß, dann hilft die Flüssigkeitszufuhr auch etwas gegen das Hungergefühl der ersten Tage. Nachmittags und abends trinkt man wieder ausreichend Wasser und Kräutertee. Zum Teil erlaubt das Kurprogramm auch warme Gemüsebrühe ohne Salz, die kaum Kalorien zuführt.

Vor dem Schlafengehen empfiehlt sich noch 1 Tasse schlaffördernder Baldrian-Hopfen-Tee (sofern man kein pflanzliches Schlafmittel einnimmt), der das anfangs ungewohnt frühe Einschlafen zwischen 21 und 22 Uhr erleichtert.
Die gesamte Flüssigkeitszufuhr eines Fastentages kann bis zu 3 l betragen. Das ist notwendig, um die Gewebe gut durchzuspülen, damit Schlacken und Gifte ausgeschwemmt werden können. Auch wer gewöhnlich nicht viel trinkt, muß während der Fastenkur unbedingt ausreichend Flüssigkeit zu sich nehmen, davon hängt zum Teil der Kurerfolg ab. Nur in Ausnahmefällen kann nach Anweisung des Therapeuten eine verringerte Flüssigkeitsmenge notwendig sein.
Alle Getränke nimmt man langsam in kleinen Schlucken ein. Kräutertee darf niemals mit Zucker gesüßt werden, auf diese Form von Kohlenhydrat verzichtet man strikt während der Fastenkur (möglichst auch danach). An manchen Kurkliniken und Sanatorien ist etwas Honig zum Süßen des Tees erlaubt oder es dürfen auch mäßig mit Wasser verdünnte Säfte getrunken werden, aber damit führt man bereits wieder Kalorien zu.
Vor dem Schlafengehen wird allein oder in der Gruppe Gymnastik unter offenem Fenster oder im Freien getrieben. Anschließend geht man unter die lauwarme Dusche oder führt eine lauwarme Ganzkörperwaschung durch, pflegt dann gründlich die Zähne und Mundhöhle und legt sich danach ins Bett.
Es empfiehlt sich, jetzt nochmals in Ruhe den Ablauf des Tages im Geiste Revue passieren zu lassen, eine Gewohnheit, die man auch nach der Kur beibehalten sollte. Anschließend führt man die gewohnten Übungen zur Entspannung und positiven Selbstbeeinflussung mit Vorbereitung auf den nächsten Fastentag durch.
Viele Kurprogramme sehen auch noch eine Ruhepause von 1–2 Stunden am Mittag vor. Diese ungewohnte Ruhe kann abends zu Einschlafstörungen führen, die sich auf natürliche Weise durch autogenes Training und Heilpflanzen überwinden lassen.
Zum Teil wird die Mittagsruhe mit einer Leberauflage verbunden, welche die Funktionen dieses während der Fastenkur besonders stark beanspruchten Entgiftungsorgans stärken. Die warme Auflage dauert 1–2 Stunden.

Ablauf eines Fastentages

● morgens nach dem Erwachen	Entspannungsübungen im Bett mit positiver Selbstbeeinflussung
● nach dem Aufstehen	2 Glas zimmerwarmes Mineralwasser, in kleinen Schlucken getrunken; warme Dusche zur Körperreinigung, beendet mit einer kurzen kalten Dusche; sorgfältige Mund-Zahn-Pflege; Gruppengymnastik oder Waldlauf (je nach Kurprogramm); Spaziergänge, Wanderungen, kreative Betätigung, Gruppentherapie; reichlich Mineralwasser (spezielles Heilwasser), Kräutertee
● mittags	zur gewohnten Essenszeit Wasser, Kräutertee, zum Teil auch nicht gesalzene leichte Gemüsebrühe;
● nachmittags	1–2 Stunden Bettruhe mit Entspannung
● abends	und positiver Selbstbeeinflussung, je nach Kurprogramm warme Leberwickel wie am Vormittag bis gegen 19 Uhr Wasser, Kräutertee, zum Teil auch nicht gesalzene Gemüsebrühe; danach gemeinsame Unternehmungen in der Gruppe oder freie Gestaltung des Abends (je nach Kurprogramm)
● vor dem Schlafengehen (zwischen 21 und 22 Uhr)	schlaffördernder Kräutertee; Gymnastik wie am Morgen; lauwarme Dusche oder Ganzwaschung, sorgfältige Mund-Zahn-Pflege
● im Bett (vor dem Einschlafen)	Tagesrückblick; Entspannungsübungen mit positiver Selbstbeeinflussung und Vorbereitung auf den nächsten Kurtag

Natürlich kann das Kurprogramm der einzelnen Kliniken und Sanatorien zum Teil von dieser schematischen Übersicht abweichen, aber im Prinzip orientiert sich der Kurtag doch immer daran.
Über das Kurprogramm informiert man sich rechtzeitig vor der Entscheidung für eine Klinik oder ein Sanatorium durch Prospekte. Dann kann man zu Hause in Ruhe überlegen, was persönlich am besten gefällt. Natürlich hängt die Auswahl auch von den medizinischen Anwendungen ab, die in den verschiedenen Kliniken und Sanatorien möglich sind. Darüber berät man sich mit dem Therapeuten. Aber für das geistig-seelische Wohlbefinden während der Kur ist das Begleitprogramm von großer Bedeutung. Die abwechslungsreiche, nicht zu anstrengende Gestaltung der Fastentage soll einen Kontrast zum Alltag darstellen, damit man richtig abschalten, entspannen und sich seelisch-geistig positiv auf die Zeit nach der Fastenkur vorbereiten kann.

Das Fastenbrechen

Wenn eine Fastenkur länger als 2, höchstens 3 Tage dauert, darf man anschließend nicht sofort zur gewohnten Ernährungsweise zurückkehren. Der Körper ist entwöhnt von der Nahrung, vor allem die Verdauungsorgane und Stoffwechselfunktionen wurden während der Kur so verändert, daß die übliche Kost sie überfordert. Das kann sogar zu einer Art »Schock« führen, der hauptsächlich Magen, Darm und das Leber-Gallenblasen-System betrifft, aber auch ernstere Herz-Kreislauf-Reaktionen provoziert. Daher wird die Kur durch Fastenbrechen beendet, um allmählich die vollwertige Normalkost wieder aufzubauen.
Die Dauer des Fastenbrechens hängt davon ab, wie lange insgesamt gefastet wurde. Grundsätzlich gilt, daß das Fastenbrechen ungefähr ¼ der Fastenzeit ausmachen soll, bei einer 3wöchigen Fastenkur also 5–6 Tage. Die genaue Dauer bestimmt der Therapeut. In der Regel gehört das Fastenbrechen noch zur Kur und wird unter fachlicher Aufsicht in der Klinik oder im Sanatorium durchgeführt, so daß Fehler ausgeschlossen sind.
Manche Menschen wollen allerdings nach der langen Fastenkur endlich wieder »richtig essen«. Sie halten sich nicht an den Kurplan, sondern beschaffen sich heimlich Nahrungsmittel, die sie überhaupt noch nicht verzehren dürften. Davor muß eindringlich gewarnt werden, schlimmstenfalls treten danach ernste Komplikationen auf. Auch wenn es schwerfällt, Appetit und Hunger noch länger zu zügeln, müssen auch diese letzten Kurtage strikt nach den Anweisungen des Therapeuten durchgestanden werden.

Während des Fastenbrechens gewöhnt man sich daran, die Nahrung besonders gut zu kauen und einzuspeicheln, damit die Verdauung bereits im Mund beginnt und nicht gleich wieder eine Überlastung von Magen und Darm eintritt. Deshalb läßt man sich zum Essen viel Zeit und kaut jeden Bissen so gründlich, bis er sich halb verflüssigt hat. Diese gute Gewohnheit sollte auch später im Alltag beibehalten werden, denn viele Verdauungsbeschwerden stehen mit zu schnellem Verzehr der ungenügend gekauten Speisen in Zusammenhang. Außerdem bietet bewußtes Essen auch einen gewissen Schutz vor Übergewicht, weil man rechtzeitig die Sättigung verspürt.
Viele Menschen erleben während des Fastenbrechens, daß die Speisen wieder viel intensiver als früher schmecken. Diese günstige »Nebenwirkung« der Kur sollte man später vor allem nutzen, um den Kochsalzverbrauch einzuschränken. Der Tagesbedarf von 2–3 g wird normalerweise schon durch den natürlichen Salzgehalt der Nahrungsmittel gedeckt, so daß Salzen überhaupt nicht erforderlich wäre. Zum Würzen kann man ohne Gesundheitsrisiko täglich nochmals 2–3 g verwenden, falls man es nicht vorzieht, den Eigengeschmack der Speisen durch einheimische Gewürzkräuter zu betonen. Mehr als 5–6 g Kochsalz insgesamt dürfen pro Tag aber nicht zugeführt werden, sonst erhöht sich das Risiko von Bluthochdruck, Nierenschäden und (wahrscheinlich) rheumatischen Erkrankungen. Die heute übliche Zivilisationskost enthält durchschnittlich 12–15 g Kochsalz am Tag, also viel zu viel. Die verbesserten Geschmacksempfindungen nach der Fastenkur sollten also zum Anlaß genommen werden, diesen Mißbrauch konsequent abzustellen.
Die Ernährung wird während des Fastenbrechens allmählich wieder zur normalen Vollwertkost aufgebaut. Dabei achtet man darauf, daß nicht wieder die alten Ernährungsfehler eintreten, die den Kurerfolg bald zunichte machen. Die ausgewogene Gesundkost, die in der Klinik oder im Sanatorium angeboten wird, nimmt man zum Vorbild für die zukünftige gesundheitsbewußtere Ernährungsweise im Alltag.
Am 1. Tag des Fastenbrechens gibt es noch relativ wenig zu essen. Das Frühstück zum Beispiel besteht meist nur aus Mineralwasser und Kräutertee, dem etwas Honig zugefügt wird. Auch zum 2. Frühstück erhält man normalerweise Kräutertee mit etwas Honig, zusätzlich beispielsweise Kompott aus einem mittelgroßen gedünsteten Apfel.
Das Mittagessen kann aus einer leichten Gemüsebrühe ohne Fett und Salz, Mineralwasser und Kräutertee bestehen. Als kleine Zwischenmahlzeit am Nachmittag gibt es dann vielleicht wieder Apfelkompott und Kräutertee mit etwas Honig.

Das Abendessen wird bis spätestens 19 Uhr eingenommen. Dazu verzehrt man wie mittags eine leichte, fett- und salzfreie Gemüsebrühe und trinkt Kräutertee mit etwas Honig und Mineralwasser. Zum Teil kann abends auch schon Knäckebrot mit etwas magerem Kräuterjoghurt erlaubt sein. Zum Abschluß des Tages gibt es dann wieder die gewohnte Tasse schlaffördernden Kräutertee, dem kein Honig zugefügt werden darf.
Am 2. Tag des Fastenbrechens wird die Ernährung weiter ausgebaut. Das Frühstück besteht aus dem gewohnten Mineralwasser und Kräutertee mit etwas Honig, gegessen wird Knäckebrot mit magerem Kräuterquark. Unter Umständen kann auch als Brotaufstrich schon etwas Honig oder sehr mäßig Diätmargarine erlaubt sein. Zum 2. Frühstück gibt es dann einen rohen Apfel, der auf einer Glasreibe zerkleinert wird, zusätzlich wieder Kräutertee mit mäßig Honig.
Das Mittagessen darf noch keine tierischen Produkte und Fette enthalten. Je nachdem, wie lange die Fastenkur dauerte, kommen Salate, gedünstete Gemüse, Vollreis, Kartoffeln und leicht verdauliches Obst in Frage. Man darf aber unter keinen Umständen schon zu schwer und viel essen, sonst treten Beschwerden auf. Wer sich nach den vom Fachpersonal der Klinik oder des Sanatoriums aufgestellten Kostplänen richtet, wird keine Fehler begehen. Zu Trinken gibt es das übliche Mineralwasser.
Die kleine Zwischenmahlzeit am Nachmittag beschränkt sich auf einen geriebenen rohen Apfel, etwas Kräutertee mit Honig und Mineralwasser. Abends verzehrt man zum Beispiel Knäckebrot mit Kräuterquark, vielleicht auch etwas Diätmargarine und eine Tomate ohne Salz, getrunken wird Kräutertee mit etwas Honig. Danach darf nichts mehr gegessen werden, erlaubt ist lediglich noch etwas schlafförderndex Kräutertee vor dem Zubettgehen.
An den folgenden Tagen des Fastenbrechens wird die gesunde Vollwertkost Schritt für Schritt weiter ausgebaut, bis man sich nach Abschluß des Fastenbrechens wieder normal ernähren kann. Die alten falschen Ernährungsgewohnheiten darf man nicht wieder einreißen lassen, sonst hält die Wirkung der Kur nicht lange an. Vielleicht nimmt man die Fastenkur auch zum Anlaß, auf die besonders gesunde vegetarische Ernährung umzustellen. In jedem Fall sollte man von nun an nicht mehr so viel Fleischprodukte und Fett wie vorher (meist) üblich verzehren.
Auch den Tagesablauf paßt man während des Fastenbrechens allmählich wieder den Anforderungen des Alltags an, damit der Übergang nicht zu abrupt erfolgt. Am 1. Tag des Fastenbrechens behält man die Gewohnheiten wie während der Fastenkur noch weitgehend bei. Danach beginnt man dann Schritt für Schritt, zu der Lebensweise zurückzukehren, die der Alltag

erfordert. Dazu gehört zum Beispiel, daß man sich wieder daran gewöhnt, morgens pünktlich aufzustehen. Am besten übt man gleich ein, etwas früher zu erwachen, damit noch genügend Zeit zum Entspannungs- und Selbstbeeinflussungstraining, zur regelmäßigen Gymnastik, Stuhlentleerung und zum gesunden Frühstück ohne Hektik bleibt. Der Mittagsschlaf kann oft nicht beibehalten werden. Es empfiehlt sich aber, wenigstens Zeit für ein kurzes Entspannungstraining nach dem Mittagessen oder – falls das unmöglich ist – gleich nach Feierabend einzuplanen. Abends muß man nicht mehr unbedingt so früh wie während der Fastenkur schlafengehen. Am besten orientiert man sich am individuellen Schlaf-Wach-Rhythmus und berücksichtigt dabei auch, daß man morgens früher als vorher aufsteht und abends Zeit für Gymnastik und Entspannungstraining vor dem Einschlafen benötigt. Gegen 22 Uhr sollte man im Alltag normalerweise regelmäßig zu Bett gehen.

Diese neuen Lebensgewohnheiten übt man während des Fastenbrechens neben der gesünderen Ernährungsweise konsequent ein, dann übernimmt man sie nahtlos in den Alltag.

Obwohl man sich nach der Fastenkur meist so fit und leistungsfähig wie schon lange nicht mehr fühlt, darf man sich nicht gleich wieder in den Streß und die Hektik stürzen, sonst erschöpfen sich die Energiereserven rasch. Man sollte lernen, die Aufgaben des täglichen Lebens ruhiger und gelassener anzugehen. Gerade nach der Fastenkur bietet sich oft auch die Möglichkeit, sich von vielen lästigen und unnötig belastenden Verpflichtungen zu befreien, um wieder mehr Zeit für sich selbst zu finden, wie man es während der Kur angefangen hat.

Bei Bedarf können Fastenkuren mehrmals im Jahr wiederholt werden, das bespricht man stets mit dem Therapeuten. Es ist auch möglich, nach der langen, tiefgreifend wirksamen Kur an der Klinik oder im Sanatorium zwischendurch zur Auffrischung eine ambulante Kurzkur durchzuführen; darauf kommen wir später nochmals zurück.

Ergänzende Maßnahmen während der Fastenkur

Abgesehen vom Verzicht auf Nahrung sieht die Fastenkur noch verschiedene ergänzende Maßnahmen vor, die zur optimalen Wirkung unentbehrlich oder zumindest zu empfehlen sind. Dazu gehört vor allem die gründliche Darmreinigung, ohne die keine Fastenkur durchgeführt wird. Ferner unterstützen ausreichend Gymnastik und Sport, Atemgymnastik, Entspannungs-

training und natürlich der strikte Verzicht auf alle Genußmittel die Wirkung der Kur.
Darüber wurde zum Teil weiter vorne schon berichtet, so daß wir uns hier auf eine kurze Zusammenfassung beschränken können. Ohnehin werden die einzelnen Maßnahmen stets vom Therapeuten individuell verordnet und hängen auch vom speziellen Kurprogramm ab, das an den verschiedenen Kliniken und Sanatorien angeboten wird.

Gründliche Darmreinigung

Die Entschlackung und Entgiftung gehört zu den wichtigsten Aufgaben einer Fastenkur. Zum Teil erfolgt sie über die Nieren; deshalb muß während des Fastens reichlich getrunken werden, damit die Gift- und Schlackenstoffe aus den Geweben ausgeschwemmt werden können. Ein großer Teil der angesammelten Schadstoffe geht aber über den Darm ab. Da während der Fastenkur keine Ballaststoffe zur Stuhlentleerung zugeführt werden, muß der Darm ausnahmsweise durch abführende Mittel gereinigt werden. Dazu eignen sich vor allem *Glaubersalz* und *Einläufe*.
Glaubersalz gehört zu den seit langem bekannten, mild abführenden Mitteln. Es wird nach Anweisung des Therapeuten – in der Regel mit 40 g auf ¾ l Wasser – verabreicht. Die Lösung sollte in 10–20 Minuten morgens nüchtern getrunken werden. Danach kommt es meist zu mehreren, teils dünnflüssigen Stuhlentleerungen im Verlauf des Tages. Daran muß man denken, wenn man zum Beispiel einen längeren Spaziergang unternehmen will.
Die Glaubersalzlösung schmeckt unangenehm, deshalb darf man zur Verbesserung des Geschmacks etwas Obstsaft zufügen. Inzwischen gibt es aber auch Arzneimittel mit Abführsalzen, die ähnlich wie das Glaubersalz wirken, aber weit besser schmecken. Die Verordnung liegt beim Therapeuten.
Unter Umständen genügt die abführende Wirkung des Glaubersalzes nicht zur gründlichen Darmreinigung. Dann werden regelmäßig Einläufe (Klistiere) durchgeführt. Dazu führt ein Helfer das eingefettete Einlaufrohr in den Enddarm ein und öffnet dann das Ventil des höher aufgehängten, mit handwarmem Wasser oder spezieller Klistierlösung gefüllten Irrigators. Durch den Falldruck gelangt die Flüssigkeit in den Darm und führt nach kurzer Zeit zur Stuhlentleerung.
Zum Teil werden während der Fastenkur auch noch Darmbäder durchgeführt, die den Darm noch gründlicher reinigen. Sie erfordern aber besondere Apparaturen, die nicht in allen Kuranstalten vorhanden sind.

Unter keinen Umständen dürfen Abführsalze oder Einläufe nach der Fastenkur zur regelmäßigen Darmentleerung mißbraucht werden. Auch die milden, angeblich unschädlichen pflanzlichen Abführmittel schädigen bei regelmäßigem Gebrauch unweigerlich die Darmschleimhaut. Vollwertige Ernährung mit ausreichend pflanzlichen Ballaststoffen fördert die regelmäßige Stuhlentleerung, bei Bedarf kann man zusätzlich Diätmittel mit Leinsamen und Weizenkleie einnehmen (reichlich Flüssigkeit dazu trinken, damit die Fasern im Darm auch aufquellen können). Lediglich bei akuter Stuhlverstopfung darf vorübergehend einmal ein mildes Abführmittel als das kleinere Übel verabreicht werden, gewöhnlich kommt man bei vollwertiger Ernährung aber ohne solche Arzneimittel aus.
Die gründliche Darmreinigung während der Fastenkur trägt viel dazu bei, die Gefahren der verbreiteten chronischen Darmträgheit zu vermindern. Die alten Ärzte der Antike lehrten »der Tod kommt aus dem Darm«. Das trifft sicher nicht für jede Krankheit zu, aber in vielen Fällen spielen die Gift- und Schlackenstoffe, die sich im Darm ansammeln und daraus zum Teil wieder in den Körper aufgenommen werden, doch eine wichtige Rolle.

Bewegungstherapie

In der Regel gehört zur Fastenkur das regelmäßige Bewegungsprogramm unter fachlicher Anleitung in der Gruppe. Zum Bewegungsprogramm an der Kurpark-Klinik in Überlingen während der Fastenkur gehören Gymnastik, Sport und Schwimmen an der frischen Luft oder in der Halle und gemeinsame Wanderungen in der Umgebung. Die körperliche Belastung richtet sich dabei nach dem individuellen Leistungsvermögen, das sich im Verlauf der Kur allmählich verbessert. Auch ältere Menschen, die jahrzehntelang nicht mehr körperlich trainiert haben, können noch mit einem angemessenen Ausdauertraining beginnen, das allmählich ihre körperliche Leistungsfähigkeit verbessert und Risikofaktoren für die Gesundheit abbaut.
Bewegungsmangel gehört zu den häufigsten Fehlern der Lebensweise des heutigen Menschen. Er begünstigt zusammen mit der ungesunden Ernährung unter anderem Übergewicht, Herz-Gefäß-Krankheiten, Stoffwechselstörungen und nicht zuletzt frühzeitige Verschleißerscheinungen an den Gelenken und der Wirbelsäule. Deshalb sollte man die radikale Veränderung der Lebensgewohnheiten während einer Fastenkur auch zum Anlaß nehmen, wieder mit dem ungewohnten körperlichen Training zu beginnen, das dann natürlich über die Kur hinaus konsequent beibehalten wird.
Beim Training geht es nicht darum, Höchstleistungen mit plötzlicher Kraft-

entfaltung zu erzielen, das nutzt der Gesundheit wenig. Vielmehr muß die Ausdauer trainiert und allmählich wieder verbessert werden. Jede Überanstrengung ist zu vermeiden, das gilt auch für das Bewegungsprogramm nach der Kur.
Grundlage des täglichen Bewegungsprogramms bilden 5–10 Minuten Gymnastik am Morgen und Abend unter offenem Fenster oder mit der Gruppe im Freien. Dadurch werden vor allem die Rücken-, Bauch- und Fußmuskeln gekräftigt und die Beweglichkeit der Gelenke und Wirbelsäule wieder verbessert. Bei Bedarf – insbesondere bei rheumatischen Erkrankungen – kann der Therapeut im Einzelfall auch Krankengymnastik verordnen.
Neben der Gymnastik sollte man während der Fastenkur mit Sport beginnen, der die Ausdauer und Beweglichkeit weiter verbessert. Spaziergänge und Wanderungen in flottem Tempo mit der Gruppe, Ball- und andere Spiele im Freien und das Schwimmen gehören zu den am besten geeigneten Sportarten während der Fastenkur. Das hängt auch mit davon ab, welche Möglichkeiten die verschiedenen Kliniken und Sanatorien im Begleitprogramm anbieten und was der Therapeut empfiehlt.
Sport und Gymnastik tragen während der Fastenkur unter anderem durch Anregung des Stoffwechsels und bessere Sauerstoffversorgung mit zum Kurerfolg bei. Deshalb darf man nicht versuchen, sich vor der ungewohnten Anstrengung zu drücken. Und natürlich muß das tägliche Bewegungsprogramm nach der Kur zur regelmäßigen Gesundheitsvorsorge beibehalten werden.

Atemgymnastik

Rund 50% aller Bewohner der westlichen Industrienationen atmen falsch. Das hängt unter anderem mit dem Streß und der Hektik des Alltags zusammen, die zur gehetzten Kurzatmung führen. Da der Organismus dadurch weniger lebenswichtigen Sauerstoff erhält, werden viele Körperfunktionen gestört und Krankheiten begünstigt.
Gymnastik und Sport führen durch die körperliche Anstrengung allein schon zur vertieften Atmung mit besserer Sauerstoffversorgung. Darüber hinaus kann die Atmung aber nach fachlicher Anleitung noch gezielt trainiert werden, sofern das Kurprogramm dazu eine Möglichkeit bietet. Dadurch erreicht man auch eine Beruhigung des Nervensystems und Seelenlebens, die mit zur geistig-seelischen Umstimmung beiträgt.
Das Ziel der Atemgymnastik besteht darin, die tiefe Vollatmung in Bauch

und Brust so lange einzuüben, bis man in jeder Alltagssituation ganz automatisch wieder ruhig und tief atmet. Während der Fastenkur können dazu die Voraussetzungen geschaffen werden, danach behält man die Übungen am besten noch längere Zeit oder laufend bei.
Vorsicht ist geboten bei organischen Herz-, Lungenkrankheiten und anderen ernsteren Störungen der Atmung. Zwar kann die Atemgymnastik auch in solchen Fällen angezeigt sein, aber nur nach Zustimmung des Therapeuten und (zumindest anfangs) immer nur unter fachlicher Anleitung, da sonst unerwünschte Nebenwirkungen auftreten können.
Atemgymnastik ist während einer Fastenkur zwar nicht unbedingt erforderlich, wenn das Kurprogramm die Möglichkeit dazu bietet, sollte man sie aber nützen. Der Kurerfolg wird dadurch oft noch weiter verbessert und man bereitet sich gut auf das gesündere Leben nach der Kur vor.

Entspannungstraining

Auch Entspannungsübungen sind kein absolutes Muß während der Fastenkur, aber als Begleittherapie grundsätzlich immer zu empfehlen. Da viele Entspannungstechniken eine längere Trainingszeit erfordern, ehe man sich in tiefe Entspannung versetzen kann, empfiehlt es sich, damit bereits in der Vorbereitungsphase auf die Kur zu beginnen. Es spricht aber auch nichts dagegen, wenn die Entspannung erst unter fachlicher Anleitung im Rahmen des Kurprogramms erlernt und nachher beibehalten wird. Nur kann man dann die Entspannung noch nicht richtig nutzen, um sich positiv auf die Fastenkur einzustimmen und die Probleme der ersten Fastentage leichter zu bewältigen. Unter anderem lassen sich durch Entspannungstraining Hunger, Gereiztheit, innere Unruhe und andere seelische Folgen des Nahrungsverzichts und Schlafstörungen günstig beeinflussen, außerdem kann die geistig-seelische Umstimmung während der Fastenkur und die Motivation zum Durchhalten verstärkt werden.
Welche Form der Entspannungstherapie man auswählt, hängt vom Programm der Kuranstalt und von den persönlichen Vorlieben ab. Einfache Übungen können vielen Menschen schon recht gut helfen, besser wirken aber meist die systematisch aufgebauten Techniken. Vor allem das *autogene Training* hat sich bestens bewährt; neben dem systematischen Einüben der tiefen Entspannung bietet es auch noch die Möglichkeit zur positiven Selbstbeeinflussung.
Bei uns noch wenig bekannt ist die *progressive Relaxation* des Amerikaners Jacobson. Im Gegensatz zum autogenen Training arbeitet sie nicht nur mit

Vorstellungen von der Entspannung, sondern macht die Entspannung durch Anspannung und Lösung verschiedener Muskelgruppen deutlicher spürbar.
Ferner können *Joga* – meist als »West-Joga« ohne den weltanschaulichen Unterbau der indischen Lehre betrieben –, *transzendentale Mediation,* die *Benson-Zähltechnik* und andere, weniger gebräuchliche Entspannungstechniken im Einzelfall empfohlen werden. Im Vergleich zum autogenen Training bieten sie alle aber keine nennenswerten Vorteile, so daß man grundsätzlich diese von dem Berliner Nervenarzt Professor J. H. Schultz entwickelte Technik bevorzugen sollte. Sie kommt dem westlichen Denken am nächsten und hat sich in den vergangenen 50 Jahren bei Millionen Menschen bewährt. Unabhängig von einer Fastenkur kann das autogene Training natürlich auch bei vielen Alltagsproblemen gut helfen. Erlernt wird es in der Regel im Einzel- oder Gruppenkurs beim Therapeuten, an der Volkshochschule oder – wenn es wirklich nicht anders geht – selbständig nach einem Buch oder einer Tonkassette.
Entspannungsübungen sollten während der Fastenkur möglichst 3mal täglich durchgeführt werden, und zwar morgens gleich nach dem Erwachen, abends vor dem Einschlafen und irgendwann – bevorzugt in der Ruhepause am Mittag – im Verlauf des Tages. Später im Alltag genügt es dann, 1- bis 2mal täglich regelmäßig zur seelischen Gesundheitsvorsorge zu üben. Wenn die Anfangsschwierigkeiten erst einmal überwunden sind und erste Erfolgserlebnisse sich eingestellt haben, wollen viele Menschen auf diese Lebenshilfe überhaupt nicht mehr verzichten.

Verzicht auf Genußmittel

Genußmittel lassen sich mit gesunder Lebensführung, allgemein und insbesondere mit dem Zweck einer Fastenkur nicht vereinbaren. Der Verzicht darauf bildet deshalb die unabdingbare Grundvoraussetzung jeder erfolgreichen Fastenkur.
Manche Genußmittel fallen beim Fasten von vornherein weg, weil man ja keine Nahrung zuführt. Das gilt vor allem für Süßigkeiten, Gebäck, Kuchen, Speiseeis, Schokolade und ähnliche denaturierte Kohlenhydrate, die oft maßgeblichen Anteil an den Zivilisationskrankheiten haben. Wer daran gewöhnt ist, solche Genußmittel regelmäßig zu verwenden, sollte unbedingt der (häufigen) Versuchung widerstehen, sie während der Fastenkur heimlich zu verzehren, denn das schränkt die Erfolgsaussichten deutlich ein.
Außerdem muß man während der Fastenkur auf die meist gewohnten anre-

genden Genußmittel verzichten, also Kaffee, Schwarztee, Colagetränke, Kakao und ähnliches. Bei regelmäßigem Gebrauch gefährden sie ebenfalls die Gesundheit, so daß man die Fastenkur zum Anlaß nehmen sollte, sich davon wieder zu »entwöhnen«.
Von selbst sollte es sich eigentlich verstehen, daß Alkoholika und das Genußgift Nikotin während der Fastenkur strikt verboten sind. Wer sich dazu nicht entschließen kann, tut oft besser daran, auf die Fastenkur überhaupt zu verzichten, da ihr Erfolg dann ohnehin von vornherein eingeschränkt wird und nicht lange anhalten kann.
Am besten beginnt man mit der Entwöhnung von den Genußmitteln rechtzeitig vor Beginn der Kur, spätestens in der Woche davor, dann fällt der Verzicht während der ersten Kurtage nicht mehr so schwer.
Aber nicht nur während der Fastenkur, auch danach muß der Umgang mit Genußmitteln konsequent geändert werden, sonst drohen bald wieder die alten Beschwerden.

- Auf Nikotin muß von nun an strikt lebenslang verzichtet werden, dann können sich selbst nach langjährigem Mißbrauch die körperlichen Schäden allmählich (zumindest teilweise) zurückbilden.
- Gegen Alkohol bestehen bei Gesunden keine grundsätzlichen Bedenken, sofern er wirklich nur mäßig und kontrolliert getrunken wird. Es gibt Hinweise darauf, daß er dann sogar der Gesundheit nützen kann. (Um keine Mißverständnisse aufkommen zu lassen – notwendig ist Alkoholkonsum natürlich nicht zur Gesundheitsvorsorge.) Das gilt aber nur für leichte Alkoholika, also Bier, trockener Wein und Sekt; süße Liköre und alle härteren Alkoholika sind strikt verboten.
- Problematisch ist auch der Kaffee, den die meisten Menschen überhaupt nicht als Genußmittel betrachten. Unter anderem kann er zu Gallenblasen- und Leberleiden, chronischen Magen-Darm-Reizungen, erhöhten Blutfettwerten und zur »Zerrüttung« des Nervensystems führen; ferner gibt es Anzeichen dafür, daß er auch das Krebsrisiko (vor allem der Bauchspeicheldrüse) erhöhen kann. Die schädliche Wirkung steht mit der Dosis in Zusammenhang. Eine Tasse Kaffee am Tag, aus koffein- und röststoffarmen Sorten nicht zu stark zubereitet und mit Milch, aber ohne Zucker getrunken, wird Gesunden kaum schaden, aber alles, was darüber hinausgeht, bedeutet bereits eine Gefahr. Das gilt vor allem dann, wenn der Kaffee im Übermaß als Aufputschmittel mißbraucht wird.

Wer unter zu niedrigem Blutdruck leidet und deshalb häufiger Kaffee trinkt, sollte als Alternative den Rosmarintee verwenden, der ähnlich gut kreislaufstabilisierend wirkt.

- Für Schwarztee, der ebenfalls Koffein (früher Thein genannt) enthält, gilt sinngemäß, was zum Kaffee gesagt wurde.
- Strikt zu meiden sind alle Getränke mit Koffein (vor allem die Colaprodukte), die auch noch viel Zucker und chemische Stoffe enthalten. Auch Limonaden mit Zucker, chemischen Zusätzen und Chinin (Tonicwässer) gehören zu den gesundheitsschädlichen Genußmitteln.
- Schließlich muß man nach der Fastenkur auch auf alle denaturierten Kohlenhydrate verzichten. Dazu gehören Zucker, damit hergestellte Süßigkeiten, Schokolade, Nahrungsmittel aus Weißmehl (wie Weißbrot, Brötchen, Teigwaren) und polierter Reis, die hauptsächlich »leere« Kalorien enthalten.

Auf die gesundheitsbewußte Ernährung nach der Fastenkur kommen wir später nochmals ausführlicher zu sprechen.

Kurz- und Saftfasten für den Hausgebrauch

Als tiefgreifend und umfassend wirksames Heilmittel wird die Fastenkur grundsätzlich immer unter fachmännischer Anleitung in einer Kuranstalt oder ausnahmsweise ambulant durchgeführt. Das gilt vor allem dann, wenn ernstere Gesundheitsrisiken oder Krankheiten bestehen, die durch das Fasten behandelt werden sollen. In solchen Fällen kann immer nur der Therapeut entscheiden, ob Fasten überhaupt angezeigt ist, wie lange die Kur dauern soll und welche anderen Heilverfahren ergänzend angezeigt sind. Selbstversuche könnten unter Umständen zu ernsten Nebenwirkungen führen und die Krankheiten verschlimmern.

Eine Ausnahme von dieser Grundregel bilden einfachere Risikofaktoren, zum Beispiel mäßiges Übergewicht und offensichtlich leichtere Infektionskrankheiten vor allem des Magen-Darm-Kanals. Sie dürfen auch selbst durch Fastenschalttage, Kurz- und Saftfastkuren behandelt werden. Wenn die Kur länger als 3 Tage dauern soll, befragt man aber vorsorglich doch den Therapeuten, der bei Bedarf auch eine Kurzkur überwachen muß.

Die folgenden Grundsätze des häuslichen Fastens müssen genau beachtet werden, sofern der Therapeut im Einzelfall nichts anderes verordnet hat.

Fastenschalttage zur Gesundheitsvorsorge

Im Vergleich zum kurmäßigen Fasten erreicht man mit Fastenschalttagen natürlich keine sofort spürbare Wirkung. Deshalb kommt es entscheidend darauf an, daß sie über längere Zeit regelmäßig durchgeführt werden. Je nachdem, was man mit dem Fasten erreichen will, schiebt man jede oder jede 2. Woche – ausnahmsweise auch in Abständen von 3–4 Wochen – jeweils 1–2 Fastenschalttage ein. Für Berufstätige eignet sich dazu meist das freie Wochenende am besten, wer nicht zur Arbeit muß, fährt vielleicht besser, wenn er an anderen Wochentagen fastet, weil dann die Familie oft längere Zeit aus dem Haus ist. Sobald man sich einmal für bestimmte Wochentage entschieden hat, bleibt man möglichst konsequent dabei, damit das Fasten zur guten Gewohnheit wird.

Grundsätzlich nicht zu empfehlen ist das unregelmäßige Fasten für 1 bis 2 Tage. Es nützt wenig und kann später, wenn man doch einmal eine längere Fastenkur durchführen will, deren Ergebnis verschlechtern. Lediglich bei akuten Infektionskrankheiten, wenn der Appetit ohnehin meist eingeschränkt ist, darf unabhängig von regelmäßigen Schalttagen auch einmal für 1–3 Tage gefastet werden.
Die Fastenschalttage sollten sich nicht auf den Nahrungsverzicht beschränken. Zusätzlich empfiehlt es sich, durch morgens nüchtern getrunkene Glaubersalzlösung (20–40 g Salz auf ½–¾ l Wasser) den Darm gründlich zu reinigen und ausreichend Flüssigkeit zuzuführen (2,5–3 l täglich), damit Gift- und Schlackenstoffe aus den Geweben ausgeschwemmt werden.
Außerdem versucht man, den Tagesablauf abweichend vom Alltag möglichst positiv zu gestalten. Dazu gehören vor allem die folgenden Maßnahmen:

- Morgens ohne das »Diktat« des Weckers ausschlafen, bis man von selbst erwacht.
- Entspannungsübungen mit positiver Selbstbeeinflussung 3mal am Tag durchführen.
- Unter offenem Fenster oder im Freien morgens und abends 5–10 Minuten nicht zu anstrengende, dem persönlichen Leistungsvermögen angepaßte Gymnastik betreiben.
- Zur Morgentoilette unter die warme Dusche gehen oder ein warmes Wannenbad durchführen, danach kurz kalt abduschen.
- Den Tag soweit wie möglich nach eigenen Vorstellungen und Wünschen gestalten, um einen Kontrast zum gewohnten Alltag zu schaffen. Gut eignen sich dazu ausreichend Bewegung (Spaziergänge, Wanderungen, Radfahren, Schwimmen) an der frischen Luft ohne Überforderung im Wechsel mit Erholung beim Lesen, Musikhören, kreativer Tätigkeit und anderen Interessen, die sonst über den Alltagspflichten zu kurz kommen.
- Mittags legt man eine Ruhepause von 1–2 Stunden ein; dabei muß aber nicht unbedingt geschlafen werden, es genügt, wenn man Entspannungsübungen durchführt und danach meditiert, liest oder etwas anderes tut, wonach einem gerade der Sinn steht.
- Abends geht man möglichst zwischen 21 und 22 Uhr zu Bett und führt nochmals Entspannungsübungen durch, die auch das ungewohnt frühe Einschlafen erleichtern; schlafförderner Kräutertee oder ein mildes pflanzliches Beruhigungsmittel helfen dabei.

- Alle Arzneimittel, die nicht unbedingt nach Verordnung des Therapeuten eingenommen werden müssen, setzt man ab, auf alle Genußmittel wird strikt verzichtet.

Alle diese Maßnahmen tragen mit dazu bei, die Wirkung der Fastenschalttage zu verbessern, indem sie die Gesundheit ganzheitlich beeinflussen. Im Lauf der Zeit erzielt man auf diese Weise zufriedenstellende Ergebnisse. Insbesondere die überflüssigen Pfunde und andere, noch nicht ausgeprägte Risikofaktoren lassen sich bei regelmäßiger Durchführung von Fastenschalttagen beseitigen.
Die Fastenschalttage können streng mit Verzicht auf jegliche Kalorienzufuhr oder als Saftfastentage durchgeführt werden. Die folgenden beiden Kurpläne veranschaulichen ihren Ablauf.

Fastenschalttage mit Nulldiät

● nach dem Erwachen	Entspannungsübungen mit positiver Selbstbeeinflussung im Bett
● nach dem Aufstehen	Gymnastik unter offenem Fenster; Morgentoilette (Dusche, Bad); 1–2 Tassen Rosmarintee und Glaubersalzlösung (40 g auf ¾ l Wasser in 10–20 Minuten trinken) zur Darmreinigung
● vormittags	reichlich Mineralwasser und Kräutertee; Gestaltung nach Belieben
● mittags (etwa zur Essenszeit)	Mineralwasser und Kräutertee je nach Durstgefühl
● nachmittags	Kräutertee (kein Rosmarintee mehr, er regt zu stark an) und Mineralwasser; Gestaltung nach Belieben
● abends (bis etwa 19 Uhr)	1–2 Glas Mineralwasser oder 1–2 Tassen Kräutertee
● vor dem Schlafengehen (zwischen 21 und 22 Uhr)	1–2 Tassen schlaffördernder Baldrian-Hopfentee; Gymnastik unter offenem Fenster; Körperpflege
● im Bett vor dem Einschlafen	Entspannungsübungen mit positiver Selbstbeeinflussung

Eine ausreichende Trinkmenge – etwa 2,5–3 l täglich – ist unbedingt erforderlich, um Schlacken und Gifte auszuschwemmen; der Tee wird ungesüßt getrunken. Wegen der zu erwartenden mehrmaligen Darmentleerung entfernt man sich bei Spaziergängen und Wanderungen am Vormittag nicht zu weit von der Wohnung.

Fastenschalttage mit Säften

Das Rahmenprogramm, also Entspannung, Gymnastik, Toilette, Darmreinigung und Gestaltung des Tagesablaufs, entspricht dem eines Schalttages mit Nulldiät. Die Zufuhr von Tee und Mineralwasser wird beim Saftfasten verringert, dafür nimmt man Säfte ein, so daß insgesamt doch wieder 2,5–3 l Flüssigkeit zugeführt werden. Über geeignete Säfte informiert später noch der Kurplan für die Saftfastenkur ausführlich.

● nach dem Aufstehen	100 g Gemüsesaft, vermischt mit 50 g Kräutersaft; danach die oben beschriebene Glaubersalzlösung zur Darmreinigung
● nach der Morgentoilette	60 g Obstsaft
● vormittags	60 g Obstsaft
● mittags (etwa zur Essenszeit)	100 g Gemüsesaft, vermischt mit 50 g Kräutersaft
● nachmittags	60 g Obstsaft
● abends (nicht später als 19 Uhr)	60 g Obstsaft und 100 g Gemüsesaft, je nach Geschmack gemischt oder getrennt
● vor dem Schlafengehen (zwischen 21 und 22 Uhr)	50 g Kräutersaft aus schlaffördernden Heilpflanzen, verdünnt mit der gleichen Menge Mineralwasser

Man kann die Säfte auch anders über den Tag verteilen; insgesamt müssen aber immer je 300 g Obst- und Gemüsesaft und 150 g Kräutersaft am Tag zugeführt werden. Die Säfte kann man in haushaltsüblicher Weise selbst portionsweise frisch herstellen oder naturrein (ohne Zucker- und Konservierungsmittelzusätze) im Reformhaus kaufen. Man nimmt sie Schluck für Schluck ein und »kaut« jeden Schluck etwa so, wie ein Weinkenner einen guten Tropfen genießt.

Zum Abschluß noch eine Anleitung zum 1- bis 3tägigen Kurzfasten ohne regelmäßige Wiederholungen gegen akute Erkrankungen. Dabei muß un-

bedingt sichergestellt sein, daß keine ernstere, sofort fachmännisch zu behandelnde Krankheit vorliegt, die man durch die Selbstbehandlung nur unnötig verschleppt. In unklaren Fällen mit stärker beeinträchtigtem Allgemeinbefinden, höherem Fieber und anderen Warnzeichen einer ernsteren Krankheit wird vorsorglich stets gleich der Therapeut konsultiert. Auch wenn spätestens am 3. Tag nach Beginn der Krankheit noch keine sehr deutliche Besserung eingetreten ist oder sich das Befinden sogar verschlechtert hat, muß fachliche Hilfe in Anspruch genommen werden.
Der Nahrungsverzicht für 1–3 Tage fällt bei akuten Krankheiten meist nicht sonderlich schwer, weil sie im allgemeinen ohnehin den Appetit vermindern.
Im Prinzip gibt es zwei wichtige Anwendungsgebiete für das kurze Fasten zur Selbsthilfe – akute Infektionskrankheiten der Atemwege (Erkältungskrankheiten) und des Magen-Darm-Kanals.

Akute Magen-Darm-Verstimmung
Diese Krankheit geht mit Durchfall, Erbrechen, zum Teil auch mit Fieber einher. Im Zweifelsfall sollte man besser einmal unnötig den Arzt rufen, als eine ernstere Infektion oder Vergiftung zu verschleppen. In offensichtlich einfachen Fällen haben sich die folgenden Fastenarten gut bewährt:

- *Teefasten* mit völligem Verzicht auf Nahrung; in erster Linie gibt man Kamillen-, Pfefferminz- und Thymiantee, bei Bedarf zusätzlich auch den gerbstoffreichen Eichenrindentee.
  Die Tagesdosis beträgt 3–4, wenn nötig bis zu 6 Tassen, die ungesüßt eingenommen werden; je nach Durstgefühl gibt man zusätzlich Mineralwasser, das zur Verminderung der Flüssigkeitsverluste auch etwas mehr Kochsalz als sonst erlaubt enthalten kann.
- *Saftfasten* mit ungesüßtem Heidelbeersaft, der reichlich Gerbsäure enthält; davon gibt man täglich 500–750 g, auf 4–5 Portionen verteilt. Der Saft wird entweder in haushaltsüblicher Weise portionsweise frisch zubereitet oder in Form naturbelassener Säfte aus dem Reformhaus verabreicht.
- *Apfel-/Möhrenfasten* (eigentlich kein Fasten im eigentlichen Sinn mehr, da immerhin 300–700 Kilokalorien am Tag aufgenommen werden, aber darauf kommt es bei Magen-Darm-Katarrhen nicht unbedingt an; wichtig ist die Heilwirkung der Äpfel und Möhren, die sich nach praktischer Erfahrung gut bewährt haben). Zur Behandlung gibt man in 4–5 Portionen (jeweils frisch) über den Tag verteilt insgesamt 1–1,5 kg Äpfel oder Möhren.

Die Mehrzahl der akuten Magen-Darm-Beschwerden kann durch diese Maßnahmen in 2–3 Tagen vollständig ausgeheilt werden.

Akute Infektionskrankheiten der Atemwege (Erkältung)
Die Symptome der Erkältung sind eindeutig: Schnupfen, Husten, Heiserkeit, meist auch Kopfschmerzen, oft rheumaartige Muskel-Gliederschmerzen und mäßiges Fieber. Die Unterscheidung der einfachen Erkältung von der echten Grippe (Influenza) ist dem Patienten kaum möglich. In Zweifelsfällen sucht man vorsorglich besser den Therapeuten auf, weil die Grippe als ernste Infektionskrankheit häufig zu Komplikationen führt, die manchmal sogar tödlich enden.
Zur Behandlung in einfachen Fällen hat sich die folgende Tee-Saft-Fastenkurzkur gut bewährt:

● Nach dem Erwachen	1 Tasse Lindenblütentee und 1 Tasse Hustenteemischung
● vormittags	150 g Holundersaft; Inhalation mit Kamillen-Thymian-Tee
● mittags	1 Tasse Lindenblütentee und 1 Tasse Hustenteemischung
● nachmittags	150 g Holundersaft
● abends	1 Tasse Lindenblütentee und 1 Tasse Hustenteemischung
● vor dem Schlafengehen	Inhalation mit Kamillen-Thymian-Tee

Der Tee kann mit Honig und Kandiszucker gesüßt werden, das verbessert die Wirkung. Bei Bedarf können Inhalationen auch 4- bis 6mal am Tag durchgeführt werden.
Rezept für die Inhalation: 4 Teile Kamille, 2 Teile Pfefferminze und 1 Teil Thymian (kann man auch in der Apotheke zusammenstellen lassen); mit 4 Teelöffeln dieser Mischung auf ¼ l kochendes Wasser den Aufguß zubereiten, kurz ziehen lassen und dann in 1 l kochendes Wasser gießen.
Inhaliert wird, indem man Kopf, Oberkörper und den Topf mit kochendem Wasser in eine Decke hüllt und dann 5–10 Minuten lang tief durch Nase und Mund atmet.
Bequemer geht es natürlich mit fertigen Inhalationslösungen und einem elektrischen Inhalationsgerät.
Lindenblütentee zeichnet sich durch seine abwehrsteigernde und schweißtreibende Wirkung aus.

Rezept für Lindenblütentee: 1 Teelöffel Lindenblüten mit 1 Tasse kochendem Wasser überbrühen und 10–15 Minuten zugedeckt ziehen lassen; die Tagesdosis beträgt durchschnittlich 3–4 Tassen, bei Bedarf kann sie bis auf 6 Tassen erhöht werden.
Hustenteemischungen gibt es fertig in der Apotheke. Man kann sich aber auch selbst eine gut wirksame Mischung herstellen oder in der Apotheke zubereiten lassen:
Rezept für Hustentee: je 2 Teile Eibischwurzel, Huflattich und Spitzwegerich, je 1 Teil Anis oder Fenchel, Bibernelle, Isländisch Moos und Thymian. Davon gibt man 2 Teelöffel auf 1 Tasse kochendes Wasser, läßt 10 Minuten zugedeckt ziehen und nimmt täglich 3–6 Tassen ein.
Holundersaft wirkt ähnlich wie der Lindenblütentee. Man kann ihn in haushaltsüblicher Weise selbst herstellen oder den fertigen naturreinen Saft aus dem Reformhaus verwenden.
Ob während der ersten Tage der Erkrankung Bettruhe eingehalten werden muß, richtet sich nach dem individuellen Krankheitsverlauf. Besteht Fieber, soll grundsätzlich immer das Bett gehütet werden.
Nach 1–2 Fastenschalttagen oder Kurzfasten bei akuten Krankheiten ist kein Fastenbrechen erforderlich. Man darf die Verdauungsorgane und Stoffwechselfunktionen aber auch nicht gleich wieder mit zu schweren, reichlichen Mahlzeiten belasten, sondern hält noch für 1–2 Tage eine leichte Diät ein, ehe man zur normalen Vollwertkost übergeht. Fastenschalttage sollte man ohnehin immer zum Anlaß nehmen, die bisherigen Ernährungs- und Lebensgewohnheiten kritisch unter die Lupe zu nehmen und alle Fehler auch außerhalb der Fastentage konsequent auszumerzen, sonst doktert man mit den Schalttagen letztlich doch nur an den Symptomen herum.

Kurzfasten zu Hause – Kurplan für fünf Tage

Eine Kurzfastenkur zu Hause dauert durchschnittlich 5 Tage. Hinzu kommt der Tag zur Vorbereitung und das 2tägige Fastenbrechen, so daß die Kur insgesamt 8 Tage in Anspruch nimmt.
Zu dieser Kur, die schon wesentlich tiefgreifender als die Fastenschalttage wirkt, holt man immer die Zustimmung des Therapeuten ein. Er sollte den Verlauf der Kur auch regelmäßig überwachen. Wenn seine Verordnungen im Einzelfall von dem abweichen, was im vorliegenden Buch angegeben wird, müssen selbstverständlich die Anweisungen des Fachmanns befolgt werden, denn ihm liegen die genauen Befunde vor, nach denen er die Fastenkur individuell gestalten kann.

Im Prinzip gelten für die häusliche Kurzfastenkur die gleichen Regeln, die weiter vorne schon für die Kur an der Klinik genannt wurden. Am Anfang steht also wieder die ausreichende, positive Motivation und praktische Vorbereitung. Dabei müssen die Angehörigen stärker mit einbezogen werden, deren gewohntes Leben durch die Kur ja meist in Mitleidenschaft gezogen wird. Mit gegenseitigem Verständnis und gutem Willen aller Beteiligten treten in der Regel keine unüberwindlichen Probleme auf. Besonders zu empfehlen ist, daß der Fastende über einen eigenen Raum verfügt, in den er sich jederzeit ungestört zurückziehen kann, beispielsweise während der Mahlzeiten der anderen oder zum Entspannungstraining. Auch Schlafen sollte er während der Kur möglichst nicht im gemeinsamen Schlafzimmer, weil sein Lebensrhythmus von dem der anderen abweicht; außerdem können auch noch die unangenehmen Ausdünstungen des Körpers während der Kur bei zu engem Kontakt die zwischenmenschlichen Beziehungen belasten.
Ob während der Fastenkur weitergearbeitet wird, bespricht man am besten mit dem Therapeuten. Grundsätzlich spricht zwar nichts dagegen, nach Möglichkeit sollte man aber Urlaub nehmen, um richtig vom Alltag abschalten und mögliche Probleme mit den Kollegen vermeiden zu können.
Entspannungsübungen, Gymnastik und nicht zu anstrengende andere Formen der Bewegungstherapie dürfen auch bei der häuslichen Kurzfastenkur nicht fehlen. Die gründliche Darmreinigung ist gleichfalls unentbehrlich und erfolgt nach den Anweisungen des Therapeuten.
Im Grunde läuft die häusliche Fastenkur also ähnlich wie die Kur in der Klinik oder im Sanatorium ab, nur bleibt man dabei in der vertrauten Umgebung. Das kann von Vorteil sein, weil nicht zu viele Veränderungen zusammenkommen, führt andererseits aber auch zu praktischen Problemen und verhindert vor allem, daß man geistig-seelisch völlig vom Alltag abschalten kann. Deshalb sollte der Entschluß zur häuslichen Kur sehr gut überlegt und vorbereitet werden. Bei ungünstigen Voraussetzungen verzichtet man besser auf die Fastenkur zu Hause, ehe man einen Mißerfolg erlebt und zukünftig vielleicht nichts mehr vom Fasten wissen will.
Die Vorbereitungen in der Woche vor der Kur entsprechen denen, die weiter vorne für die stationäre Fastenkur beschrieben wurden. Auch der Tag unmittelbar vor Kurbeginn wird in der dort beschriebenen Weise gestaltet. Die folgende Übersicht gibt an, wie man sich am Vorfastentag ernähren kann. Wir empfehlen dazu ein gutes Vollwertkochbuch, das man auch nach der Fastenkur zur gesundheitsbewußten Ernährung benötigt, zum Beispiel »Biologische Ernährung für eine gesunde und natürliche Lebensweise« von Gerhard Leibold, erschienen im Falken-Verlag GmbH, Niedernhausen. Die Kalorienzufuhr am Vorfastentag beträgt nach diesem Kostplan 1000

Ernährung am Vorfastentag

● Frühstück	nach dem Aufstehen 2 Glas zimmerwarmes, kochsalz- und kohlensäurearmes Mineralwasser; Bircher-Müsli oder Kollath-Frischkornbrei; 150 g Obst- oder Gemüsesaft und 1–2 Tassen Kräuter-(Rosmarin-)tee ohne Zucker
● 2. Frühstück	150 g Obst- oder Gemüsesaft
● Mittagessen	grüner Salat mit Joghurtsoße; Rohkostplatte mit Pellkartoffeln; 2 Glas Mineralwasser
● Zwischenmahlzeit am Nachmittag	150 g Obstsaft oder 1 mittelgroßer, frisch geriebener Apfel
● Abendessen	Kräuterquark mit 2 Scheiben Knäckebrot ohne Streichfett; 1–2 Glas Mineralwasser
● vor dem Schlafengehen (zwischen 21 und 22 Uhr)	1 Tasse schlaffördernder Baldrian-Hopfen-Tee ohne Zucker

bis 1100 kcal; auch wenn man sich nicht danach richtet, sollte die Kalorienzufuhr nicht wesentlich höher liegen. Auf Genußmittel jeder Art muß strikt verzichtet werden.

Auch die fünf Fastentage laufen möglichst so ab, wie es weiter vorne bei der Kur in der Klinik oder im Sanatorium beschrieben wurde.

Unbedingt notwendig ist die ausreichende Zufuhr von Flüssigkeit durch Mineralwasser und ungezuckerten Kräutertee, damit Schlacken und Gifte ausgeschieden werden können. Mindestens 2,5 l sollten über den Tag verteilt getrunken werden. Hinzu kommt am 1., 3. und 5. Fastentag die gründliche Darmreinigung durch Glaubersalz oder ein ähnliches Abführmittel nach Verordnung des Therapeuten. Außerdem sorgt man durch Gymnastik und Sport für ausreichende Bewegung an der frischen Luft, übt regelmäßig Entspannung und positive Selbstbeeinflussung und gestaltet den Tag einmal ohne äußere Zwänge, um zu sich selbst zu finden.

Das folgende Kurschema gilt für alle 5 Fastentage, am 2. und 4. Tag fällt allerdings die Darmreinigung durch Glaubersalz weg.

Kurplan für die Fastentage

● morgens nach dem Erwachen	Entspannungsübungen mit positiver Selbstbeeinflussung im Bett
● nach dem Aufstehen	2 Glas zimmerwarmes, kochsalz- und kohlensäurearmes Mineralwasser in kleinen Schlucken trinken; 5–10 Minuten Gymnastik; Morgentoilette mit warmer Dusche oder warmem Bad, danach kurze kalte Dusche; sorgfältige Mund- und Zahnpflege
● nach der Morgentoilette	am 1., 3. und 5. Fastentag jeweils ¾ l Glaubersalzlösung (40 g Salz ins Wasser geben) oder ein ähnliches Abführmittel nach Verordnung des Therapeuten innerhalb von 10–20 Minuten zur gründlichen Darmreinigung einnehmen; 1–2 Tassen ungesüßter Kräutertee, bei niedrigem Blutdruck bevorzugt Rosmarintee
● vormittags	1 Tasse ungesüßter Kräutertee und 1–2 Glas Mineralwasser; Gestaltung nach Belieben, zum Beispiel Lesen, Musikhören, kreative Betätigung, Spazierengehen (an Tagen mit Darmreinigung nicht zu weit von der Wohnung entfernen, da mehrere Darmentleerungen zu erwarten sind)
● mittags (etwa zur Essenszeit)	1 Tasse ungesüßter Kräutertee und 1–2 Glas Mineralwasser; nach Möglichkeit 1–2 Stunden Bettruhe mit Entspannungsübungen und positiver Selbstbeeinflussung; zur Anregung der Leberfunktionen kann in dieser Zeit nach Verordnung des Therapeuten eine warme Leibauflage (Beschreibung siehe unten) angelegt werden

• nachmittags	1 Tasse ungesüßter Kräuter-(kein Rosmarin-)tee und 1–2 Glas Mineralwasser; Gestaltung des Nachmittags nach Belieben wie am Vormittag
• abends (bis spätestens 19 Uhr)	1 Tasse Kräutertee oder leichte, fett- und salzfreie Gemüsebrühe und 1–2 Glas Mineralwasser; Gestaltung des Abends nach Belieben
• vor dem Schlafengehen (zwischen 21 und 22 Uhr)	1 Tasse schlaffördernder Baldrian-Hopfen-Tee ohne Zucker; 5–10 Minuten Gymnastik; Abendtoilette mit warmer Dusche und gründlicher Mund-Zahn-Pflege
• im Bett (vor dem Einschlafen)	Rückblick auf den Tag; Entspannungsübungen mit positiver Selbstbeeinflussung, die das Einschlafen erleichtert und auf den nächsten Fastentag einstimmt

Wenn der Therapeut nichts anderes verordnet hat, muß die Flüssigkeitszufuhr während des Fastentages mindestens 2,5 l betragen.
Die *Leberauflage* während der Mittagsruhe hat sich gut bewährt, um das Organ bei seiner wichtigen Entgiftungsarbeit zu unterstützen. Man benötigt dazu ein Leintuch, das so 2- bis 6fach zusammengefaltet wird, daß es die Lebergegend (rechter Oberbauch) vollständig bedeckt. Es wird in heißes Wasser getaucht, ausgewrungen und so warm wie gerade noch gut erträglich auf die Lebergegend gelegt. Darüber kommt ein trockenes Leintuch, das ungefähr 40–50 cm breit und 120–140 cm lang sein soll, und als äußerer Abschluß ein etwas größeres Wolltuch. Das trockene Leintuch und das Wolltuch wickelt man über die Leberauflage ganz um den Leib herum, so daß beide Tücher vom Rippenbogen bis zu den Oberschenkeln reichen. Die Anwendung dauert ungefähr 1–2 Stunden. Während dieser Zeit bleibt man gut zugedeckt; bei Bedarf sorgt eine Wärmflasche für zusätzliche Erwärmung. Günstig ist es, wenn es dabei zum Schweißausbruch kommt, weil dadurch Schlacken und Gifte auch über die Haut ausgeschieden werden. Nach Rücksprache mit dem Therapeuten können auch regelrechte Schwitzpackungen angewendet werden, die allerdings recht anstrengend und deshalb nicht immer erlaubt sind; Vorsicht ist vor allem bei Menschen mit Herz-Kreislauf-Beschwerden geboten.

Nach Ablauf der 5 Fastentage muß unbedingt das 2tägige Fastenbrechen strikt eingehalten werden. Dafür gelten im Prinzip wieder die gleichen Regeln, die weiter vorne bei der Fastenkur in der Kuranstalt beschrieben wurden. Wir geben im folgenden einen Überblick über die 2 Tage des Fastenbrechens. Die hier genannten Maßnahmen sind unbedingt notwendig, um problemlos von der Fastenkur zur normalen Ernährungs- und Lebensweise überzuleiten. Bei Bedarf kann der Therapeut im Einzelfall auch zusätzliche Maßnahmen verordnen.

1. Tag des Fastenbrechens

● morgens nach dem Erwachen	Entspannungsübungen mit positiver Selbstbeeinflussung im Bett
● nach dem Aufstehen	1–2 Glas kochsalz- und kohlensäurearmes, zimmerwarmes Mineralwasser in kleinen Schlucken trinken; 5–10 Minuten Gymnastik; Morgentoilette wie während der Fastenkur
● nach der Morgentoilette	1–2 Tassen Kräuter-(Rosmarin-)tee mit etwas Honig
● vormittags	1 Tasse Kräutertee mit etwas Honig; Kompott aus 1 mittelgroßen, gedünsteten Apfel; Bewegung an der frischen Luft und Gestaltung nach Belieben wie während der Kurtage
● mittags	1–2 Tassen leichte Gemüsebrühe ohne Fett und Salz; 2 Glas Mineralwasser; 1 Stunde Bettruhe mit Leberauflage, wenn diese auch während der Kurtage durchgeführt wurde
● nachmittags	1–2 Glas Kräutertee (kein Rosmarintee) mit etwas Honig; Apfelkompott wie vormittags; Bewegung an der frischen Luft und Freizeitgestaltung nach Belieben

● abends (bis gegen 19 Uhr)	1 Tasse fett- und salzfreie Gemüsebrühe; ½–1 Becher Magerjoghurt mit Kräutern und 1 Scheibe Knäckebrot; 1 Tasse Kräutertee (kein Rosmarintee) mit etwas Honig und 1–2 Glas Mineralwasser
● vor dem Schlafengehen (nochmals zwischen 21 und 22 Uhr)	1 Tasse Baldrian-Hopfen-Tee ohne Honig zum besseren Einschlafen; 5–10 Minuten Gymnastik; Abendtoilette
● im Bett (vor dem Einschlafen)	Tagesrückblick; Entspannungsübungen und positive Selbstbeeinflussung

An Kalorien führt der 1. Tag des Fastenbrechens also zu:

	kcal	kJ
3–4 TL Honig	35– 50	146– 209
2 Äpfel (als Kompott)	80–100	335– 419
½–1 Becher Magermilchjoghurt	40– 80	167– 335
2–3 Tassen Gemüsebrühe	70–100	293– 419
1 Scheibe Knäckebrot	30– 40	126– 167
insgesamt	255–370	1 067–1 549

Hinzu kommen noch Mineralwasser und Kräutertee ohne Kaloriengehalt, insgesamt eine Tagestrinkmenge von ungefähr 2 l.

2. Tag des Fastenbrechens

● morgens nach dem Erwachen (etwa zu der Zeit, zu der man später aufstehen muß)	Entspannungsübungen mit positiver Selbstbeeinflussung im Bett
● nach dem Aufstehen	1 Glas zimmerwarmes Mineralwasser in kleinen Schlucken; ¼ l Wasser mit 10–15 g Glaubersalz oder ähnlich wirkendem Abführmittel;

	5–10 Minuten Gymnastik; Morgentoilette wie während der Fastenkur
● Frühstück	1–2 Scheiben Knäckebrot mit höchstens 5 g Diätmargarine und ½ Becher Magerjoghurt mit Kräutern; 2 Tassen Kräuter-(Rosmarin-)tee mit etwas Honig
● 2. Frühstück	1 mittelgroßer Apfel, roh, frisch gerieben; 1–2 Tassen Kräutertee mit etwas Honig oder 1–2 Glas Mineralwasser
● vormittags	Freizeitgestaltung nach Belieben mit allmählicher Anpassung an die Erfordernisse des Alltags und Bewegung an der frischen Luft (wegen der abführenden Wirkung des Glaubersalzes aber nicht zu lange und weit von der Wohnung weggehen)
● Mittagessen	Salat, Pellkartoffeln und leicht verdauliches gedünstetes Gemüse; 2 Glas Mineralwasser
● nachmittags	Gestaltung wie am Vormittag
● Zwischenmahlzeit	1 Apfel wie vormittags; 1 Tasse Kräutertee mit etwas Honig und 1 Glas Mineralwasser
● Abendessen (spätestens bis gegen 19 Uhr)	1–2 Scheiben Knäckebrot mit 5 g Diätmargarine und ½ Becher Magerjoghurt mit Kräutern, dazu 1 Tomate ohne Salz; 1–2 Tassen Kräutertee (kein Rosmarintee) mit etwas Honig oder 1–2 Glas Mineralwasser
● vor dem Schlafengehen (gegen 22 Uhr, wie es später beibehalten werden soll)	5–10 Minuten Gymnastik; Körper-, Mund- und Zahnpflege; 1 Tasse schlaffördernder Baldrian-Hopfen-Tee ohne Honig Tagesrückblick;
● im Bett (vor dem Einschlafen)	Entspannungsübungen mit positiver Selbstbeeinflussung

Damit endet die Fastenkur, und am nächsten Morgen geht man wieder zur normalen Ernährungs- und Lebensweise über, die aber alle früheren Fehler vermeiden muß. In den folgenden Tagen sollte man noch keine zu schweren oder reichlichen Mahlzeiten zu sich nehmen, um die Verdauungs- und Stoffwechselfunktionen nicht zu überfordern. Die Aufteilung der Kost auf 3 Hauptmahlzeiten und 2 kleine Zwischenmahlzeiten am Vormittag und Nachmittag wird im Alltag möglichst beibehalten, das nützt der Gesundheit.

Am 2. Tag des Fastenbrechens führt man also folgende Kalorien zu:

	kcal	kJ
3–4 TL Honig	35– 50	146– 209
2 Äpfel (frisch gerieben)	80–100	335– 419
1 Becher Magermilchjoghurt	80	335
10 g Diätmargarine	80	335
2–4 Scheiben Knäckebrot	60–160	251– 669
Pellkartoffeln, Salat und Gemüse	300–400	1255–1673
1 Tomate	10– 15	42– 63
insgesamt	645–885	2699–3703

Die Saftfastenkur – Kurplan für acht Tage

Beim Saftfasten verzichtet man zwar auch auf feste Nahrung, führt aber im Gegensatz zum strengen Fasten mit den Säften doch Kalorien zu. Deshalb wirkt diese Kur auch nicht so tiefgreifend wie totales Fasten und wird deshalb meist auch etwas länger durchgeführt. Zur Selbsthilfe eignen sich Saftfastenkuren wegen der milderen Wirkung besonders gut; länger als 8 Tage darf man aber auch Saftfasten zu Hause nicht durchführen, sofern der stets vorher zu befragende Therapeut im Einzelfall ausnahmsweise keine längere Kurdauer verordnet und regelmäßig überwacht. Zusammen mit dem Vorbereitungstag und den 2 Tagen des Fastenbrechens dauert die Kur insgesamt also höchstens 11 Tage. Zum Teil genügen auch schon 5–6 Saftfastentage zu Hause, um eine gute Wirkung zu erzielen. An Sanatorien und Kliniken dauert die Saftfastenkur je nach Bedarf erheblich länger. Wenn nötig kann die häusliche Kurzkur nach Absprache mit dem Therapeuten mehrmals jährlich wiederholt werden.

Die Heilanzeigen des Saftfastens entsprechen weitgehend denen der Nulldiät. Sie wirkt entschlackend und entgiftend, baut Übergewicht schonend ab, regt die Körperabwehr an und führt zur ganzheitlichen Umstimmung. Hauptsächlich kommt die Kur bei folgenden Gesundheitsstörungen in Frage:

- Mäßiges Übergewicht als Risikofaktor für die Gesundheit, das aber noch nicht zu nennenswerten Komplikationen geführt hat.
- Arterienverkalkung, Bluthochdruck, Durchblutungsstörungen und andere leichtere Erkrankungen des Herz-Gefäß-Systems.
- Akute Magen-Darm-Katarrhe, die hauptsächlich durch Gemüse- und Kräutersäfte behandelt werden; gut eignet sich in solchen Fällen auch der gerbstoffreiche Heidelbeersaft.
- Erkrankungen der Gallenblase und Gallenwege.
- Nierenleiden (sie werden in der Regel immer stationär behandelt).
- Chronische Erkrankungen der Atmungsorgane.
- Akut und chronisch verlaufende Hautleiden.
- Akut fieberhafte Infektionskrankheiten; in solchen Fällen (vor allem bei Erkältungen) genügen im allgemeinen 2–3 Saftfastentage, an denen bevorzugt Holundersaft verabreicht wird.
- Verminderung oder Beseitigung allgemeiner Gesundheitsrisiken, zum Beispiel Vorbeugung der Zuckerkrankheit bei bekannter Veranlagung dazu oder gründliche »Blutreinigung« im Frühjahr und/oder Herbst.

Auch die Gegenanzeigen des Saftfastens entsprechen im Grunde denen der totalen Fastenkur; ausnahmsweise kann der Therapeut Saftfastenkuren natürlich auch bei einigen der folgenden Kontraindikationen verordnen:

- Störungen der Schilddrüsen- und Nebennierenfunktionen.
- Akute oder chronische Magengeschwüre und Leberleiden.
- Zuckerkrankheit (hier eignet sich Saftfasten aber gut zur Vorbeugung).
- Schwere chronische Infektionskrankheiten.
- »Zehrende« Krankheiten, die vor allem durch Abmagerung und Schwächezustände gekennzeichnet werden, vor allem Tuberkulose und Krebs (Ausnahme bei Krebs: 42-Tage-Saftkur nach Breuß, wenn der Therapeut zustimmt).

- Ausgeprägte Altersschwäche bei Greisen (hohes Alter ist aber nicht grundsätzlich eine Gegenanzeige des Saftfastens).

Damit man trotz der Kalorienzufuhr mit den Säften noch von einer Fastenkur sprechen kann, wird die tägliche Saftmenge in der Regel auf 750 ml beschränkt. Dabei kommt es auf die ausgewogene Zusammenstellung verschiedener Säfte an, damit der Körper mit unterschiedlichen Wirkstoffen »überschwemmt« wird. Grundsätzlich gibt man jeden Tag mindestens je 1 Sorte Obst-, Gemüse- und Kräutersaft, und zwar je 300 g Obst- und Gemüsesaft und 150 g Kräutersaft. Die Säfte verteilt man auf 3–5 Portionen über den Tag. Wenn sie geschmacklich miteinander harmonieren, kann man die verschiedenen Säfte mischen, andernfalls gibt man sie einzeln.
In der Praxis hat es sich bewährt, die Saftmenge wie folgt über den Tag zu verteilen:

- morgens
- vormittags
- mittags
- nachmittags
- abends

} jeweils 60 g Obstsaft, 60 g Gemüsesaft und 30 g Kräutersaft (wenn die Saftmenge auf 3 Portionen verteilt wird, jeweils 100 g Obst-/Gemüsesaft und 50 g Kräutersaft)

Man kann während der Saftfastenkur immer die gleichen 3 Säfte verabreichen oder abwechseln. Das hängt unter anderem vom Ziel der Kur ab. Wenn sie der allgemeinen Gesundheitsvorsorge dienen soll, empfiehlt es sich meist, während der 8 Kurtage 2- bis 4mal einen oder mehrere Säfte auszutauschen, damit dem Organismus verschiedene Wirkstoffe zugeführt werden; außerdem wird die Kur dadurch auch abwechslungsreicher. Richtet sich das Saftfasten gegen bestimmte Krankheiten, kann es dagegen sinnvoller sein, während der gesamten Kurdauer die gleichen, speziell dagegen wirkenden Säfte einzunehmen. Diese Frage bespricht man am besten mit dem Therapeuten.
Getrunken wird der Saft nicht; man verabreicht ihn in kleinen Schlucken, die wie guter Wein im Mund »gekaut« und dabei gut eingespeichelt werden. Das verbessert die Aufnahme der Wirkstoffe durch den Körper.
Die folgende tabellarische Übersicht gibt die Hauptwirkungen und speziellen Heilanzeigen verschiedener Säfte an, die sich gut zur häuslichen Saftfastenkur eignen.

Saftart	Hauptwirkungen/spezielle Heilanzeigen
Apfel	Magen- und Darmbeschwerden, Stuhlverstopfung, Harnsäureablagerungen in den Geweben, Gicht
Artischocke	Anregung der Gallenproduktion und des Gallenflusses, allgemeine Verdauungsschwäche, Leberschutz, versuchsweise bei zu hohen Blutcholesterinwerten
Birke	Blasenentzündungen, Harnsäureablagerungen in den Geweben, Gicht, Rheuma, allgemeine »Blutreinigung«
Birne	Entwässerung, Entlastung von Herz und Kreislauf
Brennessel	chronische Hautleiden, Harnsäureablagerungen in den Geweben, Gicht, Rheuma, allgemeine »Blutreinigung«
Brombeere	Magen-Darm-Störungen, Katarrhe im Bereich der Atemwege
Brunnenkresse	Stoffwechselanregung, allgemeine »Blutreinigung« (Vorsicht bei Schilddrüsenerkrankungen)
Gurke	Hautleiden, allgemeine »Blutreinigung«
Hagebutte	Entwässerung, allgemeine »Blutreinigung«, Frühjahrsmüdigkeit und andere Mangelzustände, Vorbeugung von Nierensteinen
Heidelbeere	Magen-Darm-Beschwerden
Himbeere	fieberhafte Infektionskrankheiten
Holunder	Erkältung, andere fieberhafte Infektionskrankheiten, versuchsweise bei Nervenschmerzen
Johannisbeere	
rot	Entwässerung, Entlastung von Herz und Kreislauf
schwarz	allgemeine Kräftigung, Rheuma
Kartoffel	Sodbrennen, Magenübersäuerung, Magengeschwüre Vorsicht – roher Kartoffelsaft wirkt in Überdosis giftig

Saftart	Hauptwirkungen/spezielle Heilanzeigen
Kohl	Geschwüre im Magen-Darm-Kanal (insbesondere chronisch wiederkehrende)
Löwenzahn	Anregung der Gallenproduktion und des Gallenflusses, Verdauungsschwäche, die mit Störungen der Gallenblase in Zusammenhang steht, Entwässerung, Hautleiden, Gicht, Rheuma, allgemeine »Blutreinigung«
Meerrettich	Entwässerung, mild desinfizierende Wirkung bei Infektionen der Nieren, Harnwege und Blase
Möhre	Vitamin-A-Mangelzustände, Sehstörungen nach Überanstrengung der Augen, Nachtblindheit, Hautleiden, Darmkatarrhe, versuchsweise bei Darmwürmern
Orange	Appetitlosigkeit
Pflaume	mild abführend bei akuter Stuhlverstopfung und chronischer Darmträgheit
Rettich	Vorbeugung von Gallensteinen, Anregung des Gallenflusses, Erkrankungen im Bereich der Atemwege (am besten eignet sich der Saft des schwarzen Winterrettichs)
rote Bete	allgemeine Anregung und Kräftigung, chronische Entzündungen, Krebsvorsorge
Sauerkirsche	ergänzend bei Blutarmut (Anämie) und anderen Mangelkrankheiten
Schlehdorn	Vitamin-C-Mangelzustände, Erkältung, andere fieberhafte Infektionskrankheiten, Magen-Darm-Katarrhe
Sellerie	Entwässerung, allgemeine »Blutreinigung«

Saftart	Hauptwirkungen/spezielle Heilanzeigen
Spinat	allgemeine Verdauungsbeschwerden, Anregung der Blutbildung bei Blutarmut (Spinat ist aber nicht so eisenreich, wie oft angenommen wird, und kann deshalb die medikamentöse Behandlung der Blutarmut nicht ersetzen)
Tomate	allgemeine Verdauungsschwäche, Magenstörungen; Tomatensaft mit reichlich Gewürzen eignet sich auch gut gegen Alkoholkater
Traube	allgemeine Kräftigung, Blutbildung, allgemeine »Blutreinigung« (zur Saftkur verwendet man bevorzugt Meraner Vernatschtrauben, Frankentaler oder Trollinger Trauben)
Weißdorn	Stärkung des Herzmuskels (vor allem bei älteren Menschen mit Altersherzschwäche), Alterserscheinungen am Herz-Gefäß-System, die keine andere Therapie erfordern, ergänzend bei Arterienverkalkung und Bluthochdruck
Wermut	Appetitmangel, Sodbrennen bei zu geringer Produktion von Magensaft, allgemeine Verdauungsbeschwerden anderer Ursachen
Zinnkraut (Schachtelhalm)	Bindegewebsschwäche, Katarrhe der Atemwege, versuchsweise bei Nieren- und Blasenentzündungen zur ergänzenden Behandlung
Zwiebel	Verschleimung und Katarrhe der Atemwege, Magen-Darm-Erkrankungen, Arterienverkalkung, zur Stärkung des Herzmuskels, ergänzend bei Bluthochdruck

Natürlich können zur Kur auch andere, hier nicht aufgeführte Säfte verwendet werden. Die oben genannten sollte man aber bevorzugen, weil sie in der Praxis ihre Wirksamkeit unter Beweis gestellt haben.
Am bequemsten führt man die Saftfastenkur mit fertigen Säften durch. Dazu eignet sich aber nicht jeder handelsübliche Saft. Von vornherein abzulehnen sind alle Säfte, die Zucker- und chemische Zusätze enthalten, also denaturiert wurden. Im Reformhaus erhält man Säfte guter Qualität aus biologischem Anbau ohne schädliche Zusätze. Sie allein kommen für eine Saftfastenkur in Betracht.
Wer die Mühe nicht scheut, kann die Säfte natürlich auch selbst herstellen. Dazu verwendet man am besten eine elektrische Saftzentrifuge, weil man damit die höchste Saftausbeute (etwa 50–70 g Saft aus 100 g Obst oder Gemüse) erzielt. Auch mit Saftpressen, die von Hand bedient werden, erreicht man noch eine zufriedenstellende Saftausbeute, während beim einfachen Auspressen der breiig zerkleinerten Früchte und Gemüse durch ein Leintuch unnötig große Rückstände bleiben.
Natürlich kommen zur Saftherstellung im Haushalt nur Gemüse und Früchte einwandfreier Qualität aus biologischem Anbau in Frage, die keinen Schorf, Schimmel-, Wurmbefall oder ähnliche Schäden aufweisen dürfen. Sie werden sorgfältig gereinigt, zum Teil auch geschält, ehe man sie zur Saftzubereitung zerkleinert.
Der Saft wird grundsätzlich immer portionsweise frisch hergestellt, weil sonst – auch bei Aufbewahrung in verschlossenen Flaschen im Kühlschrank – unweigerlich bald wichtige Wirkstoffe verlorengehen. Notfalls kann man zwar auch die Saftmenge für einen ganzen Tag auf einmal zubereiten und in den Kühlschrank stellen, die Wirkung der Kur wird dadurch aber beeinträchtigt. Wer keine Zeit für die etwas umständliche Zubereitung der einzelnen Portionen aufwenden will, fährt mit den fertigen Säften aus dem Reformhaus besser.
Nach dem Vorfastentag, an dem man die Nahrungszufuhr wie bei der strengen Fastenkur deutlich verringert, beginnt die eigentliche Saftfastenkur. Im Grunde verlaufen die Tage nach dem gleichen Schema wie die totale Fastenkurzkur. Es sollten also auch die dort genannten Entspannungs- und Gymnastikübungen durchgeführt werden. Unverzichtbar ist die gründliche Darmreinigung mit Glaubersalzlösung jeden 2. Morgen und die ausreichende Flüssigkeitszufuhr zur Ausschwemmung von Schlacken und Giftstoffen. Da mit den Säften bereits 750 ml Flüssigkeit zugeführt wird, vermindert man die anderen Getränke entsprechend. Insgesamt beträgt die Flüssigkeitszufuhr auch beim Saftfasten täglich 2,5–3 l. Der Kräutertee wird ungesüßt getrunken.

Die folgende schematische Übersicht gilt im Prinzip für alle 8 Saftfastentage. Die hier angegebene Verteilung der Säfte muß nicht unbedingt genau eingehalten werden, sinngemäß sollte man sich aber daran orientieren.

Ablauf eines Saftfastentags

● morgens nach dem Erwachen	Entspannungsübungen und positive Selbstbeeinflussung im Bett
● nach dem Aufstehen	1–2 Glas zimmerwarmes, kochsalz- und kohlensäurearmes Mineralwasser; 5–10 Minuten Gymnastik; sorgfältige Körper-, Mund- und Zahnpflege
● nach der Morgentoilette	am 1., 3., 5. und 7. Tag der Kur Glaubersalzlösung (40 g auf ¾ l Wasser) zur Darmreinigung in 10–20 Minuten einnehmen
● Frühstück	1–2 Tassen Kräuter-(Rosmarin-)tee ohne Zucker; je 60 g Obst- und Gemüsesaft und 30 g Kräutersaft
● vormittags	1–2 Tassen Kräuter-(Rosmarin-)tee ohne Zucker; je 60 g Obst- und Gemüsesaft und 30 g Kräutersaft; Freizeitgestaltung nach Belieben (wie beim totalen Fasten); bei Spaziergängen an den Tagen mit Darmreinigung nicht zu lange und weit von der Wohnung entfernen, da mehrere Darmentleerungen zu erwarten sind
● Mittagessen	je 60 g Obst- und Gemüsesaft und 30 g Kräutersaft; 1–2 Stunden Bettruhe mit Entspannungsübungen und positiver Selbstbeeinflussung, nach Verordnung des Therapeuten bei Bedarf auch die beim totalen Fasten beschriebene Leberauflage

● nachmittags	je 60 g Obst- und Gemüsesaft und 30 g Kräutersaft; Freizeitgestaltung wie am Vormittag
● Abendessen (bis gegen 19 Uhr)	je 60 g Obst- und Gemüsesaft und 30 g Kräutersaft; Freizeitgestaltung nach Belieben
● vor dem Schlafengehen (zwischen 21 und 22 Uhr)	1 Tasse schlaffördernder Baldrian-Hopfen-Tee ohne Zucker; 5–10 Minuten Gymnastik; Körper-, Mund- und Zahnpflege
● im Bett (vor dem Einschlafen)	Tagesrückblick; Entspannungsübungen und positive Selbstbeeinflussung

Wenn der Therapeut keine bestimmten Säfte verordnet, kann man die Auswahl nach eigenem Geschmack treffen und die verschiedenen Säfte nach Belieben miteinander kombinieren und vermischen. Dazu ein Beispiel:

● morgens	100 g Apfelsaft, mit 50 g Orangensaft gemischt
● vormittags	je 50 g Möhren-, Brunnenkresse- und Selleriesaft gemischt
● mittags	75 g Tomatensaft und 25 g Spinatsaft mit je 20 g Kerbel- und Petersiliensaft und 10 g Basilikumsaft gemischt
● nachmittags	100 g Birnensaft mit je 25 g Gurken- und Rettichsaft gemischt
● abends	je 50 g Rote-Bete- und Schwarzer-Johannisbeer-Saft gemischt, zusätzlich einzeln 50 g Löwenzahnsaft

Auch wenn die Verdauungsorgane und Stoffwechselfunktionen während der Saftfastenkur nicht ganz von der Nahrung »entwöhnt« werden, darf man doch nicht sofort zur normalen Ernährung übergehen. Nach einer 8tägigen Saftfastenkur sind 2 Tage zum Fastenbrechen unbedingt notwendig, die ähnlich wie nach dem totalen Fasten ablaufen.
Im Mittelpunkt der Ernährung am 1. Tag nach der Saftfastenkur stehen noch die Säfte. Sie dürfen jetzt mit etwas Honig, Weizenkeimen, Hefepulver, Eigelb, Keimöl, Sojamehl, Sojamilch, Haferflocken, Leinsamen, Gersten-

und Weizenschrot (alles im Reformhaus erhältlich) angereichert werden. Außerdem kann man noch 2–3 Scheiben Knäckebrot mit magerem Kräuterquark und etwas rohes, gut verdauliches Obst und Gemüse verzehren, aber keine Fleisch- und Wurstwaren. Ansonsten gilt für den 1. Tag des Fastenbrechens nach der Saftfastenkur, was weiter vorne bereits beim totalen Fasten beschrieben wurde. Das folgende Beispiel veranschaulicht, wie man sich am Tag nach der Saftfastenkur richtig ernährt. Der Kostplan muß nicht genau, aber sinngemäß eingehalten werden.

1. Tag des Fastenbrechens nach der Saftfastenkur

● morgens	150 g Saft (wie während der Kur), angereichert mit 5 g Weizenkeimen und 10 g Leinsamen oder Diätweizenkleie
● vormittags	150 g Saft (wie während der Kur), angereichert mit 1 Teelöffel Honig; 1 frisch geraspelter Apfel oder 1 mit der Gabel zerdrückte Banane, dazu etwas Magermilchjoghurt; bei ausreichendem Hungergefühl noch 1 Scheibe Knäckebrot (ohne Streichfett)
● mittags	150 g Saft (wie während der Kur), angereichert mit 1 Teelöffel Honig; leicht verdauliche Rohkostplatte mit etwas Keimöl, dazu 1 Scheibe Knäckebrot (ohne Streichfett)
● nachmittags	150 g Saft (wie während der Kur), angereichert mit Sojamilch und ½ eingerührten Eigelb, dazu 1 Teelöffel Honig; bei ausreichendem Hungergefühl zusätzlich 1 frisch geraspelter Apfel oder 1 mit der Gabel zerdrückte Banane
● abends	150 g Saft (wie während der Kur), angereichert mit Sojamalt und 10–15 g Leinsamen oder Diätweizenkleie; 1 Scheibe Knäckebrot mit magerem Kräuterquark und grüner Salat mit Joghurtsoße

Der 2. Tag des Fastenbrechens nach der Saftfastenkur wird genauso gestaltet wie nach dem totalen Fasten.
Auch nach der Saftfastenkur gilt natürlich, daß man nicht wieder zu den alten falschen Ernährungs- und Lebensgewohnheiten zurückkehren darf, sonst hält die Wirkung nicht lange an. Eine konsequente Reform aller Fehler und die Beibehaltung der Bewegungs- und Entspannungsübungen hilft, in Zukunft unnötige Gesundheitsrisiken zu vermeiden.
Bei Bedarf kann die Saftfastenkur im Verlauf eines Jahres auch mehrmals wiederholt werden, zum Beispiel als »blutreinigende« Frühjahrs- und Herbstkur zur regelmäßigen Gesundheitsvorsorge.

Gesünder leben nach der Fastenkur

Gleichgültig ob die Fastenkur zur Beseitigung von Gesundheitsrisiken oder zur Heilung von Krankheiten durchgeführt wurde, sie darf immer nur am Anfang eines ganzheitlich gesünderen Lebens stehen. Zwar hilft das Fasten zunächst unabhängig davon, aber der Dauererfolg hängt maßgeblich vom richtigen Verhalten nach der Kur ab. Deshalb sollte sie die große Wende im Leben hin zu gesundheitsbewußten Gewohnheiten werden, die vielen verbreiteten Krankheiten die Grundlagen entziehen.
Es würde den Rahmen dieses Buches sprengen, noch eingehend zu beschreiben, was alles zum gesunden Leben gehört. Wir beschränken uns auf die wichtigsten Grundregeln, die wenigstens die gröberen Verhaltensfehler vermeiden.

»Lebendige« Nahrungsmittel – gesund und vollwertig

Grundsätze gesundheitsbewußter Ernährung

Eine der Grundforderungen aller Ernährungsreformer lautet: Unsere Nahrung soll so naturbelassen wie möglich sein. Sie kann nur durch Rohkost aus biologischem Anbau erfüllt werden, die als »lebendige« Nahrung die Gesundheit am besten schützt und bei Krankheiten den »inneren Arzt« aktiviert. Darüber hinaus gehört zur gesunden Ernährung, daß sie schonend zubereitet wird und dem Organismsus nicht mehr Kalorien zuführt, als er tatsächlich benötigt.
Zur Verwirklichung dieser unverzichtbaren Grundsätze gesunder Kost empfiehlt es sich, zumindest anfangs ein gutes Vollwertkochbuch mit vielen Rezepten zu verwenden, bis die Umstellung der Ernährung in Fleisch und Blut übergegangen ist.

Kalorienknappe Kost

Am Anfang vieler Zivilisationskrankheiten steht die übermäßige Kalorienzufuhr, die zum Teil um 1 000 und mehr kcal über dem tatsächlichen Bedarf liegt. (Seit dem 1. 1. 1978 spricht man offiziell zwar nicht mehr von Kalorien, sondern gibt den Nährwert in Joule an, aber dieser Begriff hat sich umgangssprachlich nicht eingebürgert; deshalb bleiben wir hier vorwiegend bei den Kalorien. Zur Umrechnung: 1 kJ entspricht 0,24 kcal, 1 kcal aufgerundet 4,2 kJ.)
Der Kalorienbedarf hängt von zwei Faktoren ab: Grundumsatz und Mehrbedarf (Leistungszuwachs) durch jede Haltung und Bewegung, die vom Liegen in völliger Ruhe abweicht; außerdem verbraucht auch die Verwertung der Nahrung selbst Kalorien. Durch Krankheiten kann der Grundumsatz erheblich verändert werden.
Der Grundumsatz ergibt sich aus dem Energiebedarf, der bei einem nüchternen Menschen in völliger Ruhe zur Erhaltung der lebensnotwendigen Körperfunktionen erforderlich ist. Er beträgt im Durchschnitt 1 kcal je Kilogramm Körpergewicht in der Stunde. Genau kann er nur durch fachmännische Untersuchung ermittelt werden, für den Hausgebrauch genügt die folgende Faustformel:

Körpergewicht (in Kilogramm) x 1 kcal x 24 Stunden =
Tagesgrundumsatz (in Kilokalorien)

Übergewichtige dürfen den Grundumsatz nicht nach dem zu hohen tatsächlichen Gewicht ermitteln, sonst wird das Übergewicht für alle Zeiten festgeschrieben, sondern gehen vom Soll-(Normal-)gewicht aus.
Der Mehrbedarf an Kalorien richtet sich hauptsächlich nach der körperlichen Beanspruchung. Bei der heute üblichen bewegungsarmen Lebensweise und fehlenden beruflichen Körperbelastung kann man in der Regel davon ausgehen, daß der Mehrbedarf 30–40% des täglichen Grundumsatzes ausmacht. Das folgende Beispiel veranschaulicht, wie man den tatsächlichen Kalorienbedarf selbst berechnen kann:

Körpergröße: 170 cm — Soll-(Normal-)gewicht: 70 kg
Grundumsatz: 70 kg x 1 kcal x 24 Stunden = 1 680 kcal
Mehrbedarf durch körperliche Leistung:
30–40% aus 1 680 kcal Grundumsatz = 500–670 kcal
Kalorienbedarf insgesamt pro Tag: 2 180–2 350 kcal

Diese Kalorienzufuhr genügt in der Regel für alle Menschen, die weder beruflich noch in der Freizeit überdurchschnittlich körperlich belastet sind. Da die übliche Zivilisationskost aber durchschnittlich weit über 3 000 kcal enthält, muß hier mit der gesunden Ernährung begonnen werden.
Die Reduzierung der Kalorienzufuhr kann oft einfach erreicht werden. Bewährt hat es sich zum Beispiel, auf alle Streichfette zu verzichten und Kochfette nur sehr mäßig zu verwenden. Wenn man bedenkt, daß die Zivilisationskost 100–130 g Fett am Tag enthält, aber nur maximal 60 g erlaubt sind, ergibt sich durch die Verminderung der Fettzufuhr bereits eine Kalorieneinsparung von 40–70 g Fett (1 g Fett = 9,3 kcal), also 370–650 kcal am Tag, ohne daß man sich deshalb nennenswerte Beschränkungen auferlegen müßte. Gleichzeitig dient die Fetteinschränkung auch noch in anderer Hinsicht der Gesundheit.
Zusätzlich spart man unnötige Kalorien ein, indem man auf alle denaturierten Kohlenhydrate – vor allem Zucker, Süßigkeiten, Kuchen, Torten, Gebäck und andere Weißmehlprodukte – verzichtet. Das ergibt oft nochmals 300–400 kcal weniger am Tag, so daß man wieder bei der notwendigen Kalorienzufuhr ankommt. Zugleich schützt der Verzicht auf die »leeren« Kalorien auch vor Zuckerkrankheit und anderen ernährungsabhängigen Zivilisationskrankheiten.

Auswahl der Lebensmittel

Gesundheitsbewußte Ernährung als wichtige Voraussetzung der Gesunderhaltung beginnt mit der richtigen Auswahl der Lebensmittel. Sie fällt heute oft schwer, weil viele Nahrungsmittel von vornherein mit Schadstoffen belastet sind. Dazu gehören vor allem die Rückstände von Dünge- und Spritzmitteln und Schadstoffe aus der Luft in den pflanzlichen Produkten und Arzneimittelrückstände in tierischer Nahrung. Hinzu kommt, daß die landwirtschaftlichen Anbauflächen heute übermäßig genutzt und einseitig gedüngt werden. Die darauf wachsenden Nahrungsmittel sind deshalb verarmt an verschiedenen lebenswichtigen Vitalstoffen.
Der Umweltverschmutzung kann man heute nirgends mehr entgehen, Schadstoffe findet man inzwischen selbst in den entlegensten Winkeln der Erde. Alle anderen Rückstände in der Nahrung lassen sich aber weitgehend vermeiden, indem man Lebensmittel aus biologischem Landbau oder natürlicher Aufzucht von Tieren verwendet. Sie werden heute vermehrt angeboten, entsprechen aber nicht immer den Erwartungen. Am besten kauft man sie im Reformhaus.

Die Fleischskandale der letzten Jahre mit Arzneimittelrückständen (zum Teil sogar krebserzeugende Hormone) in tierischen Nahrungsmitteln könnte man nach der Fastenkur auch zum Anlaß nehmen, ganz auf gesunde vegetarische Kost umzustellen, denn nur das schützt absolut sicher vor solchen chemischen Stoffen. Jedenfalls darf nach der Fastenkur nicht mehr soviel Fleisch und Wurst verzehrt werden, wie es in der Zivilisationskost üblich ist. Der zu hohe Anteil an solchen Nahrungsmitteln trägt nämlich viel mit zu den verbreiteten Zivilisationskrankheiten bei.

Völlig ungeeignet zur vollwertigen Gesundkost sind Schweinefleisch, Pökel-, Räucherwaren und alle zu fetten oder stark gesalzenen Wurstwaren. Sie schaden der Gesundheit, zum Teil können sie sogar Krebs begünstigen.

Auch bei der Milch und daraus hergestellten Produkten gibt es erhebliche Unterschiede in der biologischen Qualität, die man bei der Auswahl berücksichtigen muß. Zu empfehlen sind für Erwachsene täglich ¼ l nicht erhitzte Vorzugsmilch und gesäuerte Milchprodukte, wie Buttermilch, Bioghurt, Sanoghurt, Kefir und Quark. Hart- und Schmelzkäse verzehrt man nur mäßig, denn sie enthalten oft viel Salz, Fett und auch chemische Zusätze.

Eier gehören zu den »kritischen« tierischen Nahrungsmitteln, weil sie zum Teil chemische Rückstände und viel Cholesterin enthalten. Man sollte davon pro Woche nicht mehr als 1–2 Stück verzehren; bei zu hohen Blutcholesterinwerten verzichtet man besser ganz darauf.

Fette werden immer mäßig verwendet, höchstens 60 g am Tag; davon sind dann 25–30% »versteckte« Fette in den Nahrungsmitteln abzuziehen, so daß ungefähr 40 g Koch- und Streichfett am Tag verbleiben. Dieser Bedarf kann zu je ⅓ durch Butter, hochwertige Diätmargarine und Pflanzenöle gedeckt werden. Die Butter ist entbehrlich und kann auch durch pflanzliche Fette ersetzt werden; das empfiehlt sich wegen des Cholesteringehalts der Butter vor allem bei erhöhten Blutcholesterinwerten.

Bei der Auswahl pflanzlicher Lebensmittel achtet man vor allem darauf, daß sie aus biologischem Anbau stammen. Getreideprodukte verwendet man nur aus vollem Korn, zum Teil naturbelassen als Frischkornbrei und Müsli. Es gibt heute eine große Auswahl an Teig- und Backwaren aus vollem Korn. Auch Reis muß aus vollem Korn (Naturreis, kein polierter »weißer« Reis) bestehen; allenfalls kann man den parboiled Reis verwenden, bei dem durch ein Spezialverfahren rund 80% der Vitalstoffe des vollen Korns erhalten bleiben, aber das bleibt trotzdem ein Kompromiß.

Diese wenigen einfachen Kriterien genügen schon, um aus der Vielzahl von Nahrungsmitteln gezielt die für die Gesundheit richtigen auszuwählen. Sie sollten konsequent bei der täglichen Ernährung beachtet werden.

Zusammenstellung der Mahlzeiten

Das oberste Gebot bei der Zusammenstellung der Mahlzeiten lautet immer: Die Nahrungsmittel werden so frisch und naturbelassen wie möglich verwendet. Frisch bedeutet, daß man zumindest auf Konserven und Fertiggerichte verzichtet und allenfalls Tiefkühlware verzehrt, daneben aber in jeder Jahreszeit immer auch noch ausreichend wirklich frische pflanzliche Lebensmittel, die möglichst am gleichen Tag erst eingekauft wurden. Die Forderung nach naturbelassener Kost erfüllt man, indem man mindestens 30% (besser bis zu 50%) der gesamten Nahrungsmenge eines Tages in Form von Rohkost zuführt.
Die Rohkost muß übrigens immer vor den gekochten Speisen verzehrt werden, am besten 1 Stunde vorher oder wenigstens zu Begin der Mahlzeit. Rohkost gehört zu jedem Essen, sei es nun in Form von Salaten und rohem Gemüse oder als naturreiner Saft und Vollwertmüsli.
Üblicherweise verzehrt man bei uns 3 Hauptmahlzeiten am Tag. Nach der Fastenkur sollte man sich angewöhnen, diese 3 Mahlzeiten etwas kleiner zu halten und zusätzlich vormittags und nachmittags noch eine kleine Zwischenmahlzeit einzuschieben. Dann werden Verdauungsorgane und Stoffwechsel weniger belastet, die Leistungstiefs am Vormittag und Nachmittag rascher überwunden, und es kommt auch nicht so leicht zu Übergewicht. Nachstehend erklären wir, wie diese 5 Mahlzeiten gesund und vollwertig zusammengestellt werden sollten.

Frühstück

Nicht jeder verspürt morgens schon genug Appetit, um ein Frühstück zu sich zu nehmen, das rund 30% des Tageskalorienbedarfs deckt. Solche »Morgenmuffel« sollten aber dennoch nie ohne vollwertiges Frühstück (am besten Müsli) aus dem Haus gehen, das ist notwendig, um den »Lebensmotor« nach der langen Nachtruhe wieder in Gang zu bringen.
Völlig verkehrt ist das oft noch übliche Frühstück mit Kaffee, Brötchen, Ei, Marmelade, Honig, Wurst und Käse oder das amerikanische Frühstück mit gebratenem Speck, Eiern und Toast. Zum gesunden Frühstück gehören Rohkost in flüssiger Form, also Obst- und Gemüsesäfte, Bircher-Müsli oder Kollath-Frischkornbrei in vielen schmackhaften Variationen, bei entsprechendem Appetit dann auch noch Vollkornbrot, gesäuerte Milchprodukte mit Kräutern, allenfalls 1- bis 2mal wöchentlich 1 Ei und gelegentlich etwas magere Wurst- und Käsesorten (aber nie anstelle von Saft und vollwertigen Getreidezubereitungen).

Zu trinken gibt es Kräutertee, am besten den schonend kreislaufanregenden Rosmarintee, vielleicht auch nicht zu starken Schwarztee oder – aber nicht regelmäßig – 1 Tasse röststoff- und koffeinarmen Kaffee mit Milch. Gleich nach dem Aufstehen sollte man 1–2 Glas zimmerwarmes, kochsalz- und kohlensäurearmes Mineralwasser trinken, das bringt die Verdauung in Gang.

2. Frühstück
Im Durchschnitt sollen die kleinen Zwischenmahlzeiten jeweils rund 5% des gesamten Kalorienbedarfs eines Tages zuführen. Wer zum 1. Frühstück noch nicht ausreichend essen kann, holt das mit einem etwas umfangreicheren 2. Frühstück nach.
Die Zwischenmahlzeit am Vormittag soll – je nach dem Zeitpunkt des Frühstücks und Mittagessens – zwischen 9 und 10 Uhr verzehrt werden. Dazu eignen sich gesäuerte Milchprodukte mit frischem Obst, Salat, Gemüserohkost, bei größerem Appetit dazu noch Vollkorn- und Knäckebrot. Dazu trinkt man Kräutertee, Mineralwasser oder Saft.

Mittagessen
Diese größte Mahlzeit des Tages soll rund 40% der gesamten Kalorien zuführen. Sie beginnt immer mit Salaten und Rohkostplatten. Danach gibt es Kartoffeln, Vollreis, Vollkornteigwaren und gedünstetes Gemüse (möglichst abwechslungsreich aus verschiedenen Gemüsearten zusammengestellt), aber nur wenig tierische Nahrungsmittel. Tierische Produkte sollten stets als Beilagen, nicht wie üblich als Hauptgericht verzehrt werden; nach Möglichkeit ißt man auch nicht jeden Tag, sondern nur 2- bis 4mal wöchentlich tierische Nahrung.
Nach Salaten und Rohkostplatten kann man als Vorspeise auch eine leichte, klare Gemüsebrühe (ohne Einlagen) verzehren, das macht nicht dick, sondern mindert sogar den ersten Hunger. Als Nachspeise kann man etwas frisches Obst verzehren.
Zu trinken gibt es mittags nur mäßig Mineralwasser, Kräutertee und Saft. Wer zu viel zum Essen trinkt, verdünnt die Verdauungssäfte zu stark und leidet bald unter Verdauungsbeschwerden.

Zwischenmahlzeit am Nachmittag
Zwischen 15 und 16 Uhr verzehrt man eine leichte Zwischenmahlzeit, die ungefähr 5% des Tageskalorienbedarfs zuführt. Am besten eignen sich dazu etwas Obst oder Gemüserohkost. Nach Geschmack und Durst trinkt man dazu Mineralwasser, Kräutertee oder Saft.

Abendessen

Das leichte Abendbrot soll nur noch etwa 20% des Tageskalorienbedarfs zuführen und bis spätestens 19 Uhr verzehrt werden. Es ist im Grunde gleichgültig, ob man eine warme oder kalte Mahlzeit am Abend zu sich nimmt, wenn sie nur vollwertig und kalorienknapp zusammengestellt wird. Am Anfang steht wieder die Rohkost. Als kaltes Abendbrot verzehrt man dann Vollkornbrot mit Quark, Joghurt und Kräutern, ab und zu auch magere Käse- und Wurstsorten (sofern nicht am gleichen Tag schon tierische Produkte verwendet wurden). Das warme Abendessen gleicht dem Mittagessen, aber natürlich mit deutlich geringerem Kaloriengehalt.
Getrunken wird abends wieder Kräutertee, Saft oder Mineralwasser; Gesunde können auch ab und zu einmal etwas Bier oder Wein genießen.
Grundsätzlich gibt es nach dem Abendessen – von Ausnahmen, wie Einladungen und Festen abgesehen – keine Nahrung mehr, insbesondere keine kalorienreichen Knabbereien beim Fernsehen. Nur kalorienfreie Getränke und vor dem Schlafengehen bei Bedarf schlaffördernder Baldrian-Hopfen-Tee sind noch erlaubt.
Nach diesen Grundregeln und mit Hilfe geeigneter Kochbücher speziell für die Vollwertküche ernährt man sich den ganzen Tag über stets abwechslungsreich, schmackhaft und gesund. Vollwertige Ernährung soll und muß ja nicht – wie ein eingefleischtes Vorurteil immer wieder behauptet – fad und langweilig schmecken, im Gegenteil. Wer es nicht versteht, gesunde Kost schmackhaft zuzubereiten, wird auch die übliche »Hausmannskost« kaum abwechslungsreich gestalten können.

Richtige Zubereitung

Die küchentechnische Zubereitung der Nahrung entscheidet mit über ihren gesundheitlichen Wert und die Bekömmlichkeit. Hierbei können viele Fehler unterlaufen, vor allem dann, wenn man die Kost auf traditionelle Weise durch zu langes Kochen, Braten in Fett oder Fritieren zubereitet.
Als Grundsatz gilt: Alles, was man roh verzehren kann, wird nicht durch Erhitzen denaturiert, sondern naturbelassen gegessen; alle roh nicht genießbaren Nahrungsmittel bereitet man so schonend und fettarm wie möglich durch Erhitzen zu.
Zur Rohkost eignen sich nur völlig gesunde pflanzliche Lebensmittel ohne Schimmel, faulige Stellen, Flecken und Wurmbefall, die möglichst aus biologischem Anbau stammen sollen. Sie müssen schonend, aber gründlich gereinigt werden. Erst danach darf man sie bei Bedarf dünn schälen (unter

der Schale sitzen aber meist besonders viele Vitalstoffe) und nicht zu fein zerkleinern, damit das Gebiß ausreichend beansprucht wird.
Saftreiche Rohkost verzehrt man am besten nur mit Kräutern abgeschmeckt, zur saftarmen Rohkost gibt man spezielle Marinaden und Tunken (gibt es fertig im Reformhaus), nicht die üblichen Salatdressings und -mayonnaisen. Salz und Zucker werden – wenn überhaupt – nur sehr mäßig zum Abschmecken gebraucht.
Die Zubereitung der Rohkost erfolgt immer unmittelbar vor dem Verzehr, weil sie bei längerem Stehen an Wert einbüßt.
Kochen spielt in der gesunden Küche eine wichtige Rolle für Nahrungsmittel, die roh ungenießbar sind. Das bedeutet zwar Denaturierung, die man aber hinnehmen muß. Das Kochgut wird möglichst nicht geschält und zerkleinert, weil sonst unnötig Vitalstoffe verlorengehen. Gekocht wird so kurz wie möglich, die Speisen dürfen nicht zerfallen, sondern gerade gar werden. Da mit dem Dampf Vitalstoffe entweichen, kocht man stets im geschlossenen, allenfalls einen Spalt breit geöffneten Topf (das spart auch Energie). Das Kochwasser enthält verschiedene Vitalstoffe und wird deshalb nicht weggeschüttet, sondern wenigstens teilweise als Getränk, zu Suppen und Soßen verwendet.
Als neuzeitliche Hilfsmittel zum schonenden Garen der Nahrung eignen sich auch Dampfkochtöpfe und der schon im antiken Rom bekannte Römer-(Schlemmer-)topf aus Ton. In solchen Töpfen kann man auch ganze Mahlzeiten schonend zubereiten.
Grillen kommt vor allem für die Zubereitung tierischer Nahrungsmittel als fettarme Alternative zum Braten in Frage. Gewarnt werden muß allerdings vor dem im Freien verwendeten Holzkohlengrill; bei unsachgemäßem Gebrauch können hier krebsbegünstigende Stoffe entstehen. Am besten eignet sich der Infrarot-Kontakt- oder Tischgrill.
Das Backen ist unentbehrlich für bestimmte Getreideprodukte, wie Brot und Brötchen. Dabei kommt es zwar zur Denaturierung, die aber in Kauf genommen werden muß. Zum Ausgleich verwendet man immer nur Mehl aus vollem Korn und verzehrt ausreichend naturbelassenes Vollkorngetreide in Form von Frischkornbrei und Müsli.
Braten sollte man in der gesunden Küche so selten und fettarm wie möglich, Fritieren im schwimmenden Fett eignet sich überhaupt nicht zur gesunden Ernährung.
Damit kennen wir nun alle Grundsätze der vollwertigen Ernährung, auf die man nach der Fastenkur zur ständigen Gesundheitsvorsorge umstellen sollte. Das schützt zwar nicht vor allen Krankheiten, aber ohne gesunde Kost bleibt man trotz Fastenkur wahrscheinlich nicht lange gesund und fit.

Andere Maßnahmen zur Gesundheitsvorsorge

Gesundheitsbewußte Ernährung bildet einen Pfeiler der täglichen Gesundheitsvorsorge. Zusätzlich gibt es aber noch andere notwendige Maßnahmen, die man nach der Fastenkur einführen sollte. Mit den beiden wichtigsten – ausreichend Bewegung und regelmäßiges Entspannungs- und Selbstbeeinflussungstraining – wollen wir uns zum Abschluß noch kurz befassen.

Regelmäßige Bewegung
Der heute trotz Jogging- und Aerobicwelle immer noch weit verbreitete Bewegungsmangel läßt die Muskulatur verkümmern, die Gelenke »einrosten«, verschlechtert die Sauerstoffversorgung, begünstigt Übergewicht und gefährdet Herz und Gefäße. Deshalb sollte man nach der Fastenkur regelmäßig die körperliche Ausdauer trainieren. Damit kann man in jedem Alter beginnen, und es gibt auch kaum eine Krankheit, die das Training auf Dauer verbietet. Ältere und kranke Menschen besprechen das Bewegungsprogramm allerdings vorsorglich immer mit dem Therapeuten; für alle anderen gilt die Faustregel: Das Training soll möglichst viele Muskeln beanspruchen und so anstrengen, daß sich der Puls auf 170–180 Schläge minus Lebensalter in der Minute erhöht. Gut eignen sich vor allem flottes Wandern, Dauerlauf (Jogging, Trimm-Trab), Radfahren und Schwimmen. Solche Sportarten sollten mindestens 3mal wöchentlich je ½ Stunde lang ausgeübt werden.
Hinzu kommt die tägliche Gymnastik am Morgen und Abend, die je nach Leistungsvermögen jeweils 5–10 Minuten dauert.
Dieses einfache Bewegungsprogramm, zu dem man sich entsprechende Literatur mit praktischen Übungsbeispielen kaufen sollte, genügt bereits zur Gesundheitsvorsorge. Es darf keinesfalls verbissen nur um der Gesundheit willen betrieben werden, sondern soll auch Spaß machen. Wenn man in einer Gruppe trainiert, pflegt man dabei gleichzeitig gute soziale Kontakte. Jede Übertreibung beim Training schadet, der kräftige Muskelkater ist kein Zeichen für die Wirkung, sondern die Rechnung für Überforderung, sollte also vermieden werden.

Entspannungs- und Selbstbeeinflussungstraining
Dadurch werden hauptsächlich die seelisch-geistigen Funktionen günstig beeinflußt; indirekt wirken sich die Übungen aber auch auf den Körper aus. Regelmäßig durchgeführt hilft das Training, im Alltag mit krankmachendem Streß, Ärger, Konflikten und anderen Lebensproblemen besser fertig

zu werden. Deshalb gehören Entspannung und positive Selbstbeeinflussung unbedingt zur täglichen Gesundheitsvorsorge. Wer sich erst einmal daran gewöhnt hat, wird sie als praktische Lebenshilfe bald nicht mehr missen wollen.

Es gibt verschiedene Techniken, die man am besten nach Rücksprache mit dem Therapeuten auswählt. Besonders gut bewährt hat sich das autogene Training, aber auch West-Joga kann empfohlen werden. Erlernt werden die Übungen beim Therapeuten oder im Kurs an der Volkshochschule; wenn es nicht anders geht, kann man auch nach einem guten Buch oder einer Tonkassette im Selbststudium trainieren. Die Übungen werden bald zur guten Gewohnheit, sofern man sie konsequent Tag für Tag 2- bis 3mal durchführt.

Im Einzelfall können zur Gesundheitsvorsorge auch noch andere Maßnahmen erforderlich werden. Darüber spricht man mit dem Therapeuten, der den individuellen Gesundheitszustand beurteilen kann. Zwar kosten alle diese Vorsorgemaßnahmen nach der Fastenkur etwas Zeit und Mühe, aber der Aufwand wird bald durch »sturmfeste« Gesundheit bis ins hohe Alter belohnt.

Register

Abendessen 94
Abführmittel 18, 57
Abwehrregulationen 25f., 31
Abwehrschwäche 25f.
Alkohol 61
Allergien 42
Altersschwäche 40
Aminosäuren 12
Angina pectoris 34
Apfelfasten 67
Arterienverkalkung 11f., 16f., 33
Arthrose 37
Arzneimittelmißbrauch 32, 44
Atemgymnastik 58f.
Autogenes Training 29f., 43, 45ff., 59f., 97

Ballaststoffmangel 20, 57
Basedowsche Krankheit 40
Bewegungsmangel 57
Blasenentzündung 36
Bluthochdruck 33

Cholesterin 11, 91

Darmkrebs 18
Darmreinigung 56f., 70, 83
Darmträgheit 18, 20, 26, 31, 57
Dickdarmentzündung 35, 42
Divertikel 18
Durchblutungsstörungen 34
Durchfall 35

Eier 91
Einlauf 56
Eiweiß 12
Eiweißmangel 22
Embolie 16
Entgiftung 26, 31
Entschlackung 26, 31
Entspannung 29f., 43, 45ff., 55, 59f., 70, 83, 97
Erbrechen 35
Erkältung 68f.
Ernährung, gesunde 88ff.

Fastenbrechen 52ff., 74ff., 86f.
Fastenkur, Ablauf der 40ff.
Fastenkuren 21ff.
Fastenschalttage 28, 63ff.
Fertiggerichte 92
Fette 10ff., 19f., 90f.
Fettsäuren 11
Fleisch 91
Frühstück 92f.

Gallenblasenentzündung 18
Gallensteine 15
Gelenkentzündung 37
Genesungszeit 40
Genußmittel 7, 16, 44, 47, 60ff.
Gesundheitsvorsorge 30ff.
Getränke 49f., 73, 83
Getreideprodukte 91
Gicht 17f., 34
Glaubersalz 56, 64, 83
Grundumsatz 89
Grüner Star 38
Gymnastik 46, 55, 58, 70, 83, 96

Hämorrhoiden 18
Hautleiden 36, 42
Herz-Gefäß-Krankheiten 10f., 15f., 41
Herzinfarkt 12, 16, 33
Hungergefühle 22
Hustentee 69

Idealgewicht 14
Infektionskrankheiten 37, 64
Inhalation 68

Joga 60, 97

Kaffee 61
Kalorien 10, 89f.
Kochsalz 53
Koffein 62
Kohlenhydrate 13
Konserven 92
Kopfschmerzen 37
Körperreinigung 48f.
Krampfadern 18, 34
Krebs 11f., 19f., 26, 38f.
Kurzfasten 66f., 69ff.

Lebenserwartung 7f., 15, 30f.
Leberauflage 50, 73
Leberverfettung 18, 35, 42
Leberzirrhose 15, 35, 42
Leistungsfähigkeit 23, 32

Magen-Darm-Verstimmung 35, 37, 67
Mangelkrankheiten 19
Mesotrophie 19, 32
Migräne 37
Milch 91
Mittagessen 93
Mittagsruhe 50, 55
Möhrenfasten 67
Motivation zum Fasten 42f., 45f.
Mundpflege 49
Muskelkater 96
Myom 36

Nervensystem, vegetatives 29
Nierenleiden 36
Nierensteine 36
Nikotin 61
Normalgewicht 14f., 28

Reis 13
Relaxation, progressive 59f.
Rheuma 36f., 41
Rohkost 13, 88, 92, 94f.

Säfte, Heilanzeigen der 80ff.
Saftfastenkur 77ff.
Saftfastentage 65f., 84ff.
Saftherstellung 83
Schlaf-Wach-Rhythmus 44, 47, 55
Schlaganfall 16, 33
Schlankheitskur 27f.
Schuppenflechte 35f.
Schwarztee 62
Schwitzpackung 73
Selbstbeeinflussung 29f., 43, 45ff., 59, 97
Sport 58, 96
Stoffwechselstörungen 10, 17f., 26
Streß 16, 33, 45, 47, 55, 96
Süßigkeiten 62, 90

Teefasten 67
Thrombose 16
Tuberkulose 40

Übergewicht 9ff., 14f., 27f., 31, 33, 41
Umstimmung 24, 29f.
Umweltverschmutzung 7, 26, 90
Unfruchtbarkeit 36

Vorbereitung der Kur 43f.
Vorfastentag 46, 71, 83

Weißmehl 13, 62, 90
Wurst 91

Zahnfleischschwund 38
Zahnpflege 49
Zivilisationskrankheiten 8f., 13, 19, 23, 31, 33, 89
Zubereitung der Nahrung 94f.
Zucker 13, 62, 90
Zuckerkrankheit 15ff., 19, 34, 42
Zwischenmahlzeiten 93

Stand Sommer 1986

Gesamt-Programm

Essen und Trinken

Köstliche Suppen
ür jede Tages- und Jahreszeit. (5122) /on E. Fuhrmann, 64 S., 38 Farbfotos, : Zeichnungen, Pappband.
M 14,80/S 119.–

Kochen, was allen schmeckt
700 Koch- und Backrezepte für jede ;elegenheit. (4098) Von A. und ;. Eckert, 796 S., 60 Farbtafeln, 'appband. **DM 29,80**/S 239.–

'alken-Handbuch
Kochen nach allen Regeln der Kunst
)as moderne Grundkochbuch mit über 000 Farbbildern. (4143) Von M. Gutta, ;24 S., über 1000 farbige Abb., ebunden. **DM 78,–**/S 598.–

runos beste Rezepte
rund ums Jahr (4154) Von B. Henrich, 36 S., 15 Farbfotos, kart.
M 14,80/S 119.–

Vas koche ich heute?
eue Rezepte für Fix-Gerichte. (0608) on A. Badelt-Vogt, 112 S., 16 Farbtafeln, art. **DM 9,80**/S 79.–

ochen für 1 Person
ationell wirtschaften, abwechslungs- eich und schmackhaft zubereiten.)586) Von M. Nicolin, 136 S., 8 Farb- ıfeln, 23 Zeichnungen, kart.
M 9,80/S 79.–

esunde Kost aus dem Römertopf
)442) Von J. Kramer, 128 S., 8 Farb- ıfeln, 13 Zeichnungen, kart.
M 8,80/S 74.–

udelgerichte
lecker, locker, leicht zu kochen. (0466) on C. Stephan, 80 S., 8 Farbtafeln, kart.
M 7,80/S 69.–

ieblingsrezepte
hantasievoll zubereitet und originell ekoriert. (4234) Hrsg. P. Diller. 160 S., 20 Farbfotos, 34 Zeichnungen, Papp- and. **DM 24,80**/S 198,–

'as Männer gerne essen
eibgerichte
216) Von C. Arius, 80 S., 55 Farbabb., appband. **DM 9,80**/S 85,–

Omas Küche und unsere Küche heute
(4089) Von J. P. Lemcke, 160 S., 8 Farbtafeln, 95 Zeichnungen, Pappband.
DM 24,80/S 198.–

Die besten Eintöpfe und Aufläufe
Das Beste aus den Kochtöpfen der Welt (5079) Von A. und G. Eckert, 64 S., 50 Farbfotos, Pappband.
DM 14,80/S 119.–

Schnell und gut gekocht
Die tollsten Rezepte für den Schnellkochtopf. (0265) Von J. Ley, 96 S., 8 Farbtafeln, kart. **DM 7,80**/S 69.–

Kochen und backen im Heißluftherd
Vorteile, Gebrauchsanleitung, Rezepte. (0516) Von K. Kölner, 72 S., 8 Farbtafeln, kart. **DM 7,80**/S 69.–

Das neue Mikrowellen-Kochbuch
(0434) Von H. Neu, 64 S., 4 Farbtafeln, 16 s/w Zeichnungen, kart.
DM 6,80/S 59.–

Ganz und gar mit Mikrowellen
(4094) Von T. Peters, 208 S., 24 Farbfotos, 12 Zeichnungen, kart.
DM 29,80/ S 239.–

Haltbar machen durch
Trocknen und Dörren
Obst, Gemüse, Pilze, Kräuter (0696) Von M. Bustorf-Hirsch, 32 S., 42 Farbfotos, Spiralbindung.
DM 7,80/ S 69,–

Marmeladen, Gelees und Konfitüre
Köstlich wie zu Omas Zeiten – einfach selbstgemacht. (0720) Von M. Gutta, 32 S., 23 Farbfotos, 1 Zeichnung, Pappband. **DM 7,80**/S 69,–

Einkochen
nach allen Regeln der Kunst. (0405) Von B. Müller, 128 S., 8 Farbtafeln, kart.
DM 9,80/S 79.–

Einkochen, Einlegen, Einfrieren
Gesund, herzhaft. (4055) Von B. Müller, 27 s/w.-Abb., kart. **DM 14,80**/S 119.–

Das neue Fritieren
geruchlos, schmackhaft und gesund. (0365) Von P. Kühne, 96 S., 8 Farbtafeln, kart. **DM 7,80**/S 69.–

Weltmeister-Soßen
Die Krönung der feinen Küche. (0357) Von G. Cavestri, 96 S., 4 Farbtafeln, 80 Zeichnungen, kart. **DM 9,80**/S 79.–

Wildgerichte
einfach bis raffiniert. (5115) Von M. Gutta, 64 S., 43 Farbfotos, Pappband.
DM 14,80/S 119.–

Geflügel
Die besten Rezepte aus aller Welt. (5050) Von M. Gutta, 64 S., 32 Farbfotos, Pappband. **DM 14,80**/S 119.–

Mehr Freude und Erfolg beim **Grillen**
(4141) Von A. Berliner, 160 S., 147 Farbfotos, 10 farbige Zeichnungen, Pappband. **DM 24,80**/S 198.–

Grillen
Fleisch · Fisch · Beilagen · Soßen. (5001) Von E. Fuhrmann, 64 S., 38 Farbfotos, Pappband. **DM 14,80**/S 119.–

Chinesisch kochen
Schmackhafte Rezepte für die abwechslungsreiche Küche. (5011) Von A. und G. Eckert, 64 S., 57 Farbfotos, Pappband.
DM 14,80/S 119.–

Chinesisch kochen
mit dem Wok-Topf und dem Mongolen-Topf. (0557) Von C. Korn, 64 S., 8 Farbtafeln, kart. **DM 7,80**/S 69.–

Schlemmerreise durch die
Chinesische Küche
(4184) Von Kuo Huey Jen, 160 S., 117 Farbfotos, Pappband.
DM 24,80/S 198,–

Ostasiatische Küche
schmackhaft, bekömmlich und vielseitig. (5066) Von T. Sozuki, 64 S., 39 Farbfotos, Pappband. **DM 14,80**/S 119.–

Nordische Küche
Speisen und Getränke von der Küste. (5082) Von J. Kürtz, 64 S., 44 Farbfotos, Pappband. **DM 14,80**/S 119.–

Deutsche Küche
Schmackhafte Gerichte von der Nordsee bis zu den Alpen. (5025) Von E. Fuhrmann, 64 S., 52 Farbfotos, Pappband.
DM 14,80/S 119.–

Französisch kochen
Eine kulinarische Reise durch Frankreich. (5016) Von M. Gutta, 64 S., 35 Farbfotos, Pappband. **DM 14,80**/S 114.–

Französische Küche
(0685) Von M. Gutta, 96 S., 16 Farbtafeln, kart. **DM 8,80**/S 74.–

Französische Spezialitäten aus dem Backofen
Herzhafte Tartes und Quiches mit Fleisch, Fisch, Gemüse und Käse (5146) Von P. Klein, 64 S., 43 Farbfotos, Pappband. **DM 16,80**/139,–

Kochen und würzen mit **Knoblauch**
(0725) Von A. und G. Eckert, 96 S., 8 Farbtafeln, kart. **DM 7,80**/S 69,–

Schlemmerreise durch die
Italienische Küche
(4172) Von V. Pifferi. 160 S., 109 Farbfotos, Pappband. **DM 24,80**/S 198,–

Italienische Küche
Ein kulinarischer Streifzug mit regionalen Spezialitäten. (5026) Von M. Gutta, 64 S., 35 Farbfotos, Pappband.
DM 14,80/S 119.–

Portugiesische Küche und Weine
Kulinarische Reise durch Portugal. (0607) Von E. Kasten, 96 S., 16 Farbtafeln, kart. **DM 9,80**/S 79.–

Köstliche Pizzas, Toasts, Pasteten
Schmackhafte Gerichte schnell zubereitet. (5081) Von A. und G. Eckert, 64 S., 46 Farbfotos, Pappband.
DM 14,80/S 119.–

Köstliche Pilzgerichte
Rezepte für die meistvorkommenden Speisepilze. (5133) Von V. Spicker-Noack, M. Knoop, 64 S., 52 Farbfotos, Pappband. **DM 14,80**/S 119.–

Am Tisch zubereitet
Fondues, Raclettes, Flambieren. (4152) Von I. Otto, 208 S., 12 Farbtafeln, 17 s/w-Fotos, Pappband. **DM 24,80**/S 198.–

Köstliche Fondues
mit Fleisch, Geflügel, Fisch, Käse, Gemüse und Süßem. (5006) Von E. Fuhrmann, 64 S., 50 Farbfotos, Pappband.
DM 14,80/S 119.–

Fondues
und fritierte Leckerbissen. (0471) Von S. Stein, 96 S., 8 Farbtafeln, kart.
DM 6,80/S 59.–

Fondues · Raclettes · Flambiertes
(4081) Von R. Peiler und M.-L. Schult, 136 S., 15 Farbtafeln, 28 Zeichnungen, kart. **DM 14,80**/S 119.–

Neue, raffinierte Rezepte mit dem Raclette-Grill
(0558) Von L. Helger, 56 S., 8 Farbtafeln, kart. **DM 7,80**/S 69.–

Rezepte rund um Raclette und Hobby-Rechaud
(0420) Von J. W. Hochscheid, 72 S., 8 Farbtafeln, kart. **DM 7,80**/S 69.–

Kochen und Würzen mit
Paprika
(0792) Von A. u. G. Eckert, 88 S., 8 Farbtafeln, kart. **DM 8,80**/S 74.–

Kleine Kalte Küche
für Alltag und Feste. (5097) Von A. und G. Eckert, 64 S., 45 Farbfotos, Pappband. **DM 12,80**/S 99.–

Kalte Platten – Kalte Büfetts
rustikal bis raffiniert. (5015) Von M. Gutta, 64 S., 34 Farbfotos, Pappband.
DM 14,80/S 119.–

Kalte Happen und Partysnacks
Canapés, Sandwiches, Pastetchen, Salate und Suppen. (5029) Von D. Peters. 64 S., 44 Farbfotos, Pappband.
DM 14,80/S 119.–

Garnieren und Verzieren
(4236) Von R. Biller, 160 S., 329 Farbfotos, 57 Zeichnungen, Pappband.
DM 24,80/S 198.–

Desserts
Puddings, Joghurts, Fruchtsalate, Eis, Gebäck, Getränke. (5020) Von M. Gutta, 64 S., 41 Farbfotos, Pappband.
DM 14,80/S 119.–

Süße Nachspeisen
(0601) Von P. Lohmann, 96 S., 8 Farbtafeln, 28 Zeichnungen, kart.
DM 8,80/S 74.–

Crêpes, Omeletts und Soufflés
Pikante und süße Spezialitäten. (5131) Von J. Rosenkranz, 64 S., 45 Farbfotos, Pappband. **DM 14,80**/S 119.–

Backen
(4113) Von M. Gutta, 240 S., 123 Farbfotos, Pappband. **DM 48,–**/S 398.–

Kuchen und Torten
Die besten und beliebtesten Rezepte. (5067) Von M. Sauerborn, 64 S., 79 Farbfotos, Pappband.
DM 14,80/S 119.–

Schönes Hobby Backen
Erprobte Rezepte mit modernen Backformen. (0451) Von E. Blome, 96 S., 8 Farbtafeln, kart. **DM 7,80**/S 69.–

Backen, was allen schmeckt
Kuchen, Torten, Gebäck und Brot. (4166) Von E. Blome, 556 S., 40 Farbtafeln, Pappband. **DM 24,80**/S 198.–

Meine Vollkornbackstube
Brot · Kuchen · Aufläufe. (0616) Von R. Raffelt, 96 S., 4 Farbtafeln, 12 Zeichnungen, kart. **DM 6,80**/S 59.–

Biologisch Backen
Neue Rezeptideen für Kuchen, Brote, Kleingebäck aus vollem Korn. (4174) Von M. Bustorf-Hirsch, 136 S., 15 Farbtafeln, 47 Zeichnungen, kart. **DM 14,80**/S 119.–

Selbst Brotbacken
Über 50 erprobte Rezepte. (0370) Von J. Schiermann, 80 S., 6 Zeichnungen, 4 Farbtafeln, kart. **DM 6,80**/S 59.–

Mehr Freude und Erfolg beim
Brotbacken
(4148) Von A. und G. Eckert. 160 S., 177 Farbfotos, Pappband.
DM 24,80/S 198.–

Brotspezialitäten
knusprig backen – herzhaft kochen. (5088) Von J. W. Hochscheid und L. Helger, 64 S., 48 Farbfotos, Pappband.
DM 14,80/S 119.–

Weihnachtsbäckerei
Köstliche Plätzchen, Stollen, Honigkuchen und Festtagstorten. (0682) Von M. Sauerborn, 32 S., 36 Farbfotos, Pappband. **DM 7,80**/S 69.–

Waffeln
süß und pikant. (0522) Von C. Stephan, 64 S., 8 Farbtafeln, kart.
DM 6,80/S 59.–

Kochen für Diabetiker
Gesund und schmackhaft für die ganze Familie. (4132) Von M. Toeller, W. Schumacher, A. C. Groote, 224 S., 109 Farbfotos, 94 Zeichnungen, Pappband. **DM 29,80**/S 239.–

Neue Rezepte für Diabetiker-Diät
Vollwertig – abwechslungsreich – kalorienarm. (0418) Von M. Oehlrich, 120 S., 8 Farbtafeln, kart. **DM 9,80**/S 79.–

Schlemmertips für Figurbewußte
(0680) Von V. Kahn, 64 S., 8 Farbtafeln, kart. **DM 9,80**/S 79.–

Wer schlank ist, lebt gesünder
Tips und Rezepte zum Schlankwerden und -bleiben. (0562) Von R. Mainer, 80 S., 8 Farbtafeln, kart.
DM 8,80/S 74.–

Kalorien – Joule
Eiweiß · Fett · Kohlenhydrate tabellarisch nach gebräuchlichen Mengen. (0374) Von M. Bormio, 88 S., kart.,
DM 6.80/59.–

Alles mit Joghurt
tagfrisch selbstgemacht. Mit vielen Rezepten. (0382) Von G. Volz, 88 S., 8 Farbtafeln, kart., **DM 7,80**/S 69.–

Die Brot-Diät
Ein Schlankheitsplan ohne Extreme. (0452) Von Prof. Dr. E. Menden und W. Aign, 92 S., 8 Farbtafeln, kart.,
DM 7,80/S 69.–

Gesund leben – schlank werden mit der
Bio-Kur
(0657) Von S. Winter. 144 S., 4 Farbtafeln, kart. **DM 9,80**/S 79.–

Miekes Kräuter- und Gewürzkochbuch
(0323) Von I. Persy und K. Mieke, 96 S., 8 Farbtafeln, kart. **DM 8,80**/S 74.–

Salate
(4119) Von C. Schönherr, 240 S., 115 Farbfotos, gebunden. **DM 48,–**/S 389.–

Delikate Salate
für alle Gelegenheiten rund um's Jahr. (5002) Von E. Fuhrmann, 64 S., 50 Farbfotos, Pappband. **DM 14,80**/S 119.–

Das köstliche knackige Schlemmervergnügen.
Salate
(4165) Von V. Müller. 160 S., 80 Farbfotos, Pappband. **DM 24,80**/S 198.–

111 köstliche Salate
Erprobte Rezepte mit Pfiff. (0222) Von C. Schönherr, 96 S., 8 Farbtafeln, 30 Zeichnungen, kart. **DM 8,80**/S 74.–

Rohkost
Schmackhafte Gerichte für die gesunde Ernährung. (5044) Von I. Gabriel, 64 S., 53 Farbfotos, Pappband.
DM 14.80/S 119.–

Joghurt, Quark, Käse und Butter
Schmackhaftes aus Milch hausgemacht. (0739) Von M. Bustorf-Hirsch. 32 S., 59 Farbabb., Pappband. **DM 7,80**/S 69.

Die abwechslungsreiche Vollwertküche
Vitaminreich und naturbelassen kochen und backen. (4229) Von M. Bustorf-Hirsch, K. Siegel, 280 S., 31 Farbtafeln, 78 Zeichungen, Pappband.
DM 36,–/ S 319.–

Alternativ essen
Die gesunde Sojaküche. (0553) Von U. Kolster, 112 S., 8 Farbtafeln, kart.
DM 9,80/S 79.–

Das Reformhaus-Kochbuch
Gesunde Ernährung mit hochwertigen Naturprodukten. (4180) Von A. u. G. Eckert, 160 S. 15 Farbtafeln, Pappband.
DM 24,80/S 198.–

Gesund kochen mit Keimen und Sprosen
(0794) Von M. Bustdorf-Hirsch, 104 S., 8 Farbtafeln, 13 s/w-Zeichnungen, kart.
DM 8,80/S 74.–

Die feine Vegetarische Küche
(4235) Von F. Faist, 160 S., 191 Farbfotos, Pappband. **DM 24,80**/S 198.–

Biologische Ernährung
für eine natürliche und gesunde Lebensweise. (4125) Von G. Leibold, 136 S., 15 Farbtafeln, 47 Zeichnungen, kart.
DM 14,80/S 119.–

Gesunde Ernährung für mein Kind
(0776) Von M. Bustdorf-Hirsch, 96 S., 8 Farbtafeln, 5s/w Zeichnungen, kart.
DM 9,80/S 79.–

Vitaminreich und naturbelassen
Biologisch Kochen
(4162) Von M. Bustdorf-Hirsch und K. Siegel, 144 S., 15 Farbtafeln, 31 Zeichnungen, kart., **DM 14,80**/S 119.–

Gesund kochen
wasserarm · fettfrei · aromatisch. (4060) Von M. Gutta, 240 S., 16 Farbtafeln, Pappband. **DM 29,80**/S 239.–

Kräuter- und Heilpflanzen-Kochbuch
für eine gesunde Lebensweise. (4066) Von P. Pervenche, 143 S., 15 Farbtafeln. kart. **DM 14,80**/S 119.–

Pralinen und Konfekt
Kleine Köstlichkeiten selbstgemacht. (0731) Von H. Engelke, 32 S., 57 Farbfotos, Pappband. **DM 7,80**/S 69.–

Köstlichkeiten für Gäste und Feste
Kalte Platten
(4200) Von I. Pfliegner, 160 S., 130 Farbfotos, Pappband. **DM 24,80**/S 198.–

Kochen für Gäste
Köstliche Menüs mit Liebe zubereitet. (5149) Von R. Wesseler, 64 S., 40 Farbfotos, Pappband. **DM 14,80**/S 119.–

FALKEN VERLAG

Die Preise entsprechen dem Status beim Druck die

Das richtige Frühstück
Gesunde Vollwertkost vitaminreich und naturbelassen.
(0784) Von C. Kratzel und R. Böll, 32 S., 28 Farbfotos, Pappband. **DM 7,80**/S 69.–

Bocuse à la carte
Französisch kochen mit dem Meister.
(4237) Von P. Bocuse, 88 S., 218 Farbfotos, Pappband. **DM 19,80**/S 159,–
Auch als Video-Kassette erhältlich

Kochschule mit Paul Bocuse
(6016/VHS, 6017/Video-2000, 6018 Beta), 60 Min. in Farbe
DM 69,–/S 619,–
(unverb. Preisempfehlung)

Natursammlers Kochbuch
Wildfrüchte und Gemüse, Pilze, Kräuter – finden und zubereiten. (4040) Von C. M. Kerler, 140 S., 12 Farbtafeln, kart. **DM 19,80**/S 159,–

Neue Cocktails und Drinks
mit und ohne Alkohol. (0517) Von S. Späth, 128 S., 4 Farbtafeln, kart., **DM 9,80**/S 79.–

Mixgetränke
mit und ohne Alkohol (5017) Von C. Arius, 64 S., 35 Farbfotos, Pappband. **DM 14.80**/S 119.–

Cocktails und Mixereien
für häusliche Feste und Feiern. (0075) Von J. Walker, 96 S., 4 Farbtafeln, kart. **DM 6,80**/S 59.–

Die besten Punsche, Grogs und Bowlen
(0575) Von F. Dingden, 64 S., 2 Farbtafeln, kart. **DM 6,80**/S 59.–

Weine und Säfte, Liköre und Sekt
selbstgemacht. (0702) Von P. Arauner, 232 S., 76 Abb., kart. **DM 16,80**/S 139,–

Mitbringsel aus meiner Küche
selbst gemacht und liebevoll verpackt. (0668) Von C. Schönherr, 32 S., 30 Farbfotos, Pappband. **DM 7,80**/S 69,–

Weinlexikon
Wissenswertes über die Weine der Welt. (4149) Von U. Keller, 228 S., 6 Farbtafeln, 395 s/w-Fotos, Pappband. **DM 29,80**/S 239.–

Köstliches Lebenselixier **Wein**
(2204) Von H. Steffan, 80 S., 74 Farbfotos u. Zeichnungen, Pappband. **DM 9,80**/S 85.–

Von der Romantik der blauen Stunde
Cocktails und Drinks
(2209) Von S. Späth, 80 S., 25 Farbfotos und Zeichnungen, Pappband. **DM 9,80**/S 85,–

Vom Genuß des braunen Goldes **Kaffee**
(2213) Von H. Strutzmann, 80 S., 49 Fotos, Pappband. **DM 9,80**/S 85,–

Heißgeliebter Tee
Sorten, Rezepte und Geschichten. (4114) Von C. Maronde, 153 S., 16 Farbtafeln, 93 Zeichnungen, gebunden. **DM 26,80**/S 218.–

Tee für Genießer.
Sorten · Riten · Rezepte. (0356) Von M. Nicolin, 64 S., 4 Farbtafeln, kart. **DM 5,80**/S 49.–

Tee
Herkunft · Mischungen · Rezepte. (0515) Von S. Ruske, 96 S., 4 Farbtafeln, 16 s/w Abbildungen, Pappband. **DM 9,80**/S 79.–

Vom höchsten Genuß des Teetrinkens
(2201) Von I. Ubenauf, 80 S., 57 Farbfotos u. Zeichnungen, Pappband. **DM 9,80**/S 85.–

Kinder lernen spielend backen
(5110) Von M. Gutta, 64 S., 45 Farbfotos, Pappband. **DM 14,80**/S 119,–

Kinder lernen spielend kochen
Lieblingsgerichte mit viel Spaß selbst zubereitet. (5096) Von M. Gutta, 64 S., 45 Farbfotos, Pappband, **DM 14,80**/S 119,–

Hobby

Aquarellmalerei
als Kunst und Hobby. (4147) Von H. Haack und B. Wersche, 136 S., 62 Farbfotos, 119 Zeichnungen, gebunden **DM 39,–**/S 319,–

Aquarellmalerei
Materialien · Techniken · Motive. (5099) Von Th. Hinz, 64 S., 79 Farbfotos, Pappband. **DM 14,80**/S 119,–

Aquarellmalerei leicht gelernt
Materialien · Techniken · Motive. (0787) Von T. Hinz, R. Braun, B. Zeidler, 32 S., 38 Farbfotos, 1 Zeichnung, **DM 7,80**/S 69.–

Origami –
Die Kunst des Papierfaltens. (0280) Von R. Harbin, 160 S., 633 Zeichnungen, kart. **DM 9,80**/S 79,–

Hobby Origami
Papierfalten für groß und klein. (0756) Von Z. Aytüre-Scheele, 88 S., über 800 Farbfotos, kart. **DM 19,80**/S 159,–

Neue zauberhafte Origami-Ideen
Papierfalten für groß und klein. (0805) Von Z. Aytüre-Scheele, 80 S., 720 Farbfotos, kart. **DM 19,80**/S 159.–

Weihnachtsbasteleien
(0667) Von M. Kühnle und S. Beck, 32 S., 56 Farbfotos, 6 Zeichnungen, Pappband. **DM 7,80**/S 69,–

Falken-Handbuch
Zeichnen und Malen
(4167) Von B. Bagnall, 336 S., 1154 Farbabb., Pappband. **DM 68,–**/S 549,–

Naive Malerei
Materialien · Motive · Techniken (5083) Von F. Krettek, 64 S., 76 Farbfotos, Pappband. **DM 14,80**/S 119,–

Bauernmalerei
als Kunst und Hobby. (4057) Von A. Gast und H. Stegmüller, 128 S., 239 Farbfotos, 26 Riß-Zeichnungen, Pappband. **DM 39,–**/S 319,–

Hobby Bauernmalerei
(0436) Von S. Ramos und J. Roszak, 80 S., 116 Farbfotos und 28 Motivvorlagen, kart. **DM 19,80**/S 159,–

Bauernmalerei
Kreatives Hobby nach alter Volkskunst (5039) Von S. Ramos, 64 S., 85 Farbfotos, Pappband. **DM 14,80**/S 119,–

Glasmalerei
als Kunst und Hobby. (4088) Von F. Krettek und S. Beeh-Lustenberger, 132 S., 182 Farbfotos, 38 Motivvorlagen, Pappband. **DM 39,–**/S 319,–

Naive Hinterglasmalerei
Materialien · Techniken · Bildvorlagen (5145) Von F. Krettek, 64 S., 87 Farbfotos, 6 Zeichnungen, Pappband. **DM 16,80**/S 139,–

Glasritzen
Materialien · Formen · Motive. (5109) Von G. Mégroz, 64 S., 110 Farbfotos, 15 Zeichnungen, Pappband. **DM 14,80**/S 119,–

Kunstvolle Seidenmalerei
Mit zauberhaften Ideen zum Nachgestalten. (0783) Von I. Demharter, 32 S., 56 Farbfotos, Pappband. **DM 7,80**/S 74,–

Zauberhafte Seidenmalerei
Materialien · Techniken · Gestaltungsvorschläge. (0664) Von E. Dorn, 32 S., 62 Farbfotos, Pappband. **DM 7,80**/S 69,–

Hobby Seidenmalerei
(0611) Von R. Henge, 88 S., 106 Farbfotos, 28 Zeichnungen, kart. **DM 19,80**/S 159,–

Hobby Stoffdruck und Stoffmalerei
(0555) Von A. Ursin, 80 S., 68 Farbfotos, 68 Zeichnungen, kart. **DM 19,80**/S 159,–

Stoffmalerei und Stoffdruck
Materialien · Techniken · Ideen · Modelle (5074) Von H. Gehring, 64 S., 110 Farbfotos, Pappband. **DM 14,80**/S 119,–

Batik
leicht gemacht. Materialien · Färbetechniken · Gestaltungsideen. (5112) Von A. Gast, 64 S., 105 Farbfotos, Pappband. **DM 14,80**/S 119,–

Textilfärben
Färben so einfach wie Waschen. (0693) Von W. Siegrist, P. Schärli, 32 S., 47 Farbfotos, 3 Zeichnungen, Spiralbindung. **DM 7,80**/S 69,–

Schöne Geschenke selbermachen
(4128) Von M. Kühnle, 128 S., 278 Farbfotos, 85 farbige Zeichnungen, gebunden. **DM 39,–**/S 319,–

Flechten
mit Bast, Stroh und Peddigrohr. (5098) Von H. Hangleiter, 64 S., 47 Farbfotos, 76 Zeichnungen, Pappband. **DM 14,80**/S 119,–

Makramee
Knüpfarbeiten leicht gemacht. (5075) Von B. Pröttel, 64 S., 95 Farbfotos, Pappband. **DM 12,80**/S 99,–

Häkeln und Makramee
Techniken · Geräte · Arbeitsmuster. (0320) Von M. Stradal, 104 S., 191 Abb. und Schemata, kart. **DM 6,80**/S 59,–

Falken-Handbuch
Häkeln
ABC der Häkeltechniken und Häkelmuster in ausführlichen Schritt-für-Schritt-Bildfolgen.
(4194) Von H. Fuchs, M. Natter, 288 S., 597 Farbfotos, 476 farbige Zeichnungen.
DM 39,–/S 319,–

Häkeln
Schritt für Schritt für Rechts- und Linkshänder. (5134) Von H. Klaus, 64 S., 120 Farbfotos, 144 Zeichnungen, Pappband. **DM 14,80**/S 119,–

Klöppeln
Schritt für Schritt leicht gelernt. (0788) Von U. Seiffer, 32 S., 42 Farb-, 1 s/w-Foto, 25 Zeichnungen, mit Klöppelbriefen, Pappband. **DM 9,80**/S 79,–

Sticken
Schritt für Schritt für Rechts- und Linkshänder. (5135) Von U. Werner, 64 S., 196 Farbfotos, 96 Zeichnungen, Pappband. **DM 14,80**/S 119,–

Monogrammstickerei
Mit Vorlagen für Initialen, Vignetten und Ornamente. (5148) Von H. Fuchs, 64 S., 50 Farbfotos, 50 Zeichnungen, Pappband. **DM 14,80**/S 119,–

Falken-Handbuch **Stricken**
ABC der Stricktechniken und Strickmuster in ausführlichen Schritt-für-Schritt-Bildfolgen. (4137) Von M. Natter, 312 S., 106 Farb- und 922 s/w-Fotos, 318 Zeichnungen, Pappband.
DM 36,–/S 298,–

Bestrickend schöne Ideen
Pullover, Westen, Ensembles, Jacken
(4178) Von R. Weber, 208 S., 220 Farbfotos, 358 Zeichnungen, Pappband.
DM 29,80/S 239,–

Chic in Strick
Neue Pullover
Westen · Jacken · Kleider · Ensembles. (4224) Hrsg. R. Weber, 192 S., 255 Farbabb., Pappband. **DM 29,80**/S 239,–

Videokassette Stricken
(6007/VHS, 6008/Video 2000, 6009/Beta). Von P. Krolikowski-Habicht, H. Jaacks, 51 Min., in Farbe.
DM 49,80/S 448,–
(unverbindl. Preisempf.)

Stricken
Schritt für Schritt für Rechts- und Linkshänder. (5142) Von S. Oelwein-Schefczik, 64 S., 148 Farbfotos, 173 Zeichnungen, Pappband. **DM 14,80**/S 119,–

Kuscheltiere stricken und häkeln
Arbeitsanleitungen und Modelle. (0734) Von B. Wehrle, 32 S., 60 Farbfotos, 28 Zeichnungen, Spiralbindung.
DM 7,80/S 69,–

Hobby Patchwork und Quilten
(0768) Von B. Staub-Wachsmuth, 80 S., 108 Farbabb., 43 Zeichnungen, kart.
DM 19,80/S 159,–

Textiles Gestalten
Weben, Knüpfen, Batiken, Sticken, Objekte und Strukturen. (5123) Von J. Fricke, 136 S., 67 Farb- und 189 s/w-Fotos, 15 Zeichnungen, kart.
DM 16,80/S 139,–

Gestalten mit Glasperlen
fädeln · sticken · weben (0640) Von A. Köhler, 32 S., 55 Farbfotos, Spiralbindung. **DM 6,80**/S 59,–

Neue zauberhafte Salzteig-Ideen
(0719) Von I. Kiskalt, 80. S., 320 Farbfotos, 12 Zeichnungen, kart.
DM 19,80/S 159,–

Hobby Salzteig
(0662) Von I. Kiskalt, 80 S., 150 Farbfotos, 5 Zeichnungen, Schablonen, kart.
DM 19,80/S 159,–

Gestalten mit Salzteig
formen · bemalen · lackieren. (0613) Von W.-U. Cropp, 32 S., 56 Farbfotos, 17 Zeichnungn, Pappband.
DM 7,80/S 69,–

Buntbemalte Kunstwerke aus Salzteig
Figuren, Landschaften und Wandbilder. (5141) Von G. Belli, 64 S., 165 Farbfotos, 1 Zeichnung, Pappband.
DM 14,80/S 119,–

Kreatives Gestalten mit Salzteig
Originelle Motive für Fortgeschrittene. (0769) Hrsg. I. Kiskalt, 80 S., 168 Farbfotos, kart. **DM 19,80**/S 159,–

Videokassette Salzteig
(6010/VHS, 6011/Video 2000, (6012/Beta) Von I. Kiskalt, Dr. A. Teuchert, in Farbe, ca. 35 Min. **DM 68,–**/ S 612,–
(Unverb. Preisempfehlung)

Tiffany-Spiegel selbermachen
Materialien · Arbeitsanleitung · Vorlagen. (0761) Von R. Thomas, 32 S., 53 Farbfotos, Pappband. **DM 7,80**/S 69,–

Tiffany-Lampen selbermachen
Arbeitsanleitung · Materialien · Modelle. (0684) Von I. Spliethoff, 32 S., 60 Farbfotos, Pappband. **DM 7,80**/S 69,–

Hobby Glaskunst in Tiffany-Technik
(0781) Von N. Köppel, 80 S., 194 Farbfotos, 6 s/w-Abb., kart.,
DM 19,80/S 159,–

Kerzen und Wachsbilder
gießen · modellieren · bemalen. (5108) Von Ch. Riess, 64 S., 110 Farbfotos, Pappband. **DM 14,80**/S 119,–

Hobby Holzschnitzen
Von der Astholzfigur zur Vollplastik. (5101) Von H.-D. Wilden, 112 S., 16 Farbtafeln, 135 s/w-Fotos, kart.
DM 16,80/S 139,–

Bastelspaß mit der Laubsäge
Mit Schnittmusterbogen für viele Modelle in Originalgröße. (0741) Von L. Giesche, M. Bausch, 32 S., 61 Farbfotos, 7 Zeichnungen, Schnittmusterbogen, Pappband.
DM 9,80/S 79,–

Falken-Heimwerker-Praxis
Tapezieren
(0743) Von W. Nitschke, 112 S., 186 Farbfotos, 9 Zeichnungen, kart.
DM 19,80/S 159,–

Falken-Heimwerker-Praxis
Anstreichen und Lackieren
(0771) Von P. Müller, 120 S., 186 Farbfotos, 2 s/w Fotos, 3 Zeichnungen, kart.
DM 19,80/S 159,–

Falken-Heimwerker-Praxis
Fahrrad-Reparaturen
(0796) Von R. van der Plas, 112 S., 140 Farbfotos, 113 farbige Zeichnungen, kart. **DM 19,80**/S 159,–

Falken-Handbuch **Heimwerken**
Reparieren und selbermachen in Haus und Wohnung – über 1100 Farbfotos. Sonderteil: Praktisches Energiesparen. (4117) Von Th. Pochert, 440 S., 1103 Farbfotos, 100 ein- und zweifarbige Abb., Pappband. **DM 49,–**/S 398,–

Restaurieren von Möbeln
Stilkunde, Materialien, Techniken, Arbeitsanleitungen in Bildfolgen. (4120) Von E. Schnaus-Lorey, 152 S., 37 Farbfotos, 75 s/w Fotos, 352 Zeichnungen, Pappband. **DM 39,–**/ S 319,–

Möbel aufarbeiten, reparieren und pflegen
(0386) Von E. Schnaus-Lorey, 96 S., 28 Fotos, 101 Zeichnungen, kart.,
DM 9,80/S 79,–

Vogelhäuschen, Nistkästen, Vogeltränken mit Plänen und Anleitungen zum Selbstbau. (0695) Von J. Zech, 32 S., 42 Farbfotos, 5 Zeichnungen, Pappband. **DM 7,80**/S 69,–

Papiermachen
ein neues Hobby. (5105) Von R. Weidenmüller, 64 S., 84 Farbfotos, 9 s/w-Fotos, 14 Zeichnungen, Pappband.
DM 16,80/S 139,–

Schmuck und Objekte aus Metall und Email
(5078) Von J. Fricke, 120 S., 183 Abb., kart. **DM 16,80**/S 139,–

Strohschmuck selbstgebastelt
Sterne, Figuren und andere Dekorationen (0740) Von E. Rombach, 32 S., 60 Farbfotos, 17 Zeichnungen, Pappband.
DM 7,80/S 69,–

Das Herbarium
Pflanzen sammeln, bestimmen und pressen. (5113) Von I. Gabriel, 96 S., 140 Farbfotos, Pappband.
DM 16,80/S 139,–

Gestalten mit Naturmaterialien
Zweige, Kerne, Federn, Muscheln und anderes. (5128) Von I. Krohn, 64 S., 101 Farbfotos, 11 farbige Zeichnungen, Pappband. **DM 14,80**/S 119,–

Dauergestecke
mit Zweigen, Trocken- und Schnittblumen (5121) Von G. Vocke, 64 S., 57 Farbfotos Pappband. **DM 14,80**/S 119,–

Ikebana
Einführung in die japanische Kunst des Blumensteckens. (0548) Von G. Vocke, 152 S., 47 Farbfotos, kart.
DM 19,80/S 159,–

Blumengestecke im Ikebanastil
(5041) Von G. Vocke, 64 S., 37 Farbfotos, viele Zeichnungen, Pappband.
DM 14,80/S 119,–

Hobby Trockenblumen
Gewürzsträuße, Gestecke, Kränze, Buketts. (0643) Von R. Strobel-Schulze, 88 S., 170 Farbfotos, kart.
DM 19,80/S 159,–

Hobby Gewürzsträuße
und zauberhafte Gebinde nach Salzburger Art. (0726) Von A. Ott, 80 S., 101 Farbfotos, 51 farbige Zeichnungen, kart. **DM 19,80**/S 159,–

FALKEN VERLAG

Die Preise entsprechen dem Status beim Druck dies

Trockenblumen und Gewürzsträuße
5084) Von G. Vocke, 64 S., 63 Farb-
otos, Pappband. **DM 12,80**/S 99,–

Arbeiten mit Ton
Töpfern mit und ohne Scheibe.
5048) Von J. Fricke, 128 S., 15 Farb-
afeln, 166 s/w-Fotos, kart.
DM 14,80/S 119,–

Töpfern
als Kunst und Hobby. (4073) Von
J. Fricke, 132 S., 37 Farbfotos, 222 s/w-
Fotos, gebunden. **DM 39,–**/S 319,–

Schöne Sachen modellieren
Originelles aus Cernit – ideenreich
gestaltet. (0762) Von G. Thelen, 32 S.,
105 Farbfotos, Pappband.
DM 7,80/S 69,–

Modellieren
mit selbsthärtendem Material. (5085)
Von K. Reinhardt, 64 S., 93 Farbfotos,
Pappband. **DM 14,80**/S 119,–

Porzellanpuppen
Zauberhafte alte Puppen selbst nach-
bilden. (5138) Von C. A. und D. Stanton,
64 S., 58 Farbfotos, 22 Zeichnungen,
Pappband. **DM 16,80**/S 139,–

Marionetten
entwerfen · gestalten · führen (5118) Von
A. Krause und A. Bayer, 64 S., 83 Farb-
fotos, 2 s/w-Fotos, 40 Zeichnungen.
Pappband. **DM 14,80**/S 119,–

Stoffpuppen
Liebenswerte Modelle selbermachen.
(5150) Von I. Wolff, 56 S., 115 Farbfotos,
15 Zeichnungen, mit Schnittmusterbogen,
Pappband. **DM 16,80**/S 139,–

Hobby Puppen
Bezaubernde Modelle selbst gestalten.
(0742) Von B. Wenzelburger, 88 S.,
163 Farbfotos, 41 Zeichnungen,
11 Schnittmuster, kart.
DM 19,80/S 159,–

Puppen und Figuren aus Kunst-porzellan
gießen, bemalen und gestalten. (0735)
Von G. Baumgarten, 32 S., 86 Farbfotos,
Pappband. **DM 9,80**/ S 79,–

Die liebenswerte Welt der **Puppen**
(2212) Von U. D. Damrau, 80 S., 60 Farb-
fotos, Pappband. **DM 9,80**/S 85,–

Selbstgestrickte Puppen
Materialien und Arbeitsanleitungen.
(0638) Von B. Wehrle, 32 S., 23 Farb-
fotos, 24 Zeichnungen, Pappband.
DM 9,80/S 79,–

Dekorative Rupfenpuppen
Arbeitsanleitungen und Gestaltungsvor-
schläge. (0733) Von B. Wenzelburger,
32 S., 57 Farbfotos, 14 Zeichnungen,
Spiralbindung. **DM 7,80**/S 69,–

Schritt für Schritt zum Scheren-schnitt
Materialien · Techniken · Gestaltungsvor-
schläge. (0732) Von H. Klingmüller,
32 S., 38 Farbfotos, 34 Vorlagen, Spiral-
bindung. **DM 7,80**/S 69,–

Garagentore selbst bemalt
Techniken und Motive. (0786) Von
H. u. Y. Nadolny, 32 S., 24 Farbfotos,
12 s/w-Zeichnungen, Pappband.
DM 9,80/S 79,–

Freizeit

Aktfotografie
Interpretationen zu einem unerschöpf-
lichen Thema.
Gestaltung · Technik · Spezialeffekte.
(0737) Von H. Wedewardt, 88 S.,
144 Farb- und 6 s/w-Fotos, 6 Zeich-
nungen, kart. **DM 19,80**/S 159,–

Videokassette Aktfotografie
Laufzeit ca. 60 Min. In Farbe.
VHS (6001), Video 2000 (6002),
Beta (6003) **DM 98,–**/S 882,–
(unverb. Preisempfehlung)

So macht man bessere Fotos
Das meistverkaufte Fotobuch der Welt.
(0614) Von M. L. Taylor, 192 S., 457 Farb-
fotos, 15 Abb., kart. **DM 14,80**/S 119,–

Falken-Handbuch
Dunkelkammerpraxis
Laboreinrichtung · Arbeitsabläufe ·
Fehlerkatalog. (4140) Von E. Pauli,
200 S., 54 Farbfotos, 239 s/w-Fotos,
171 Zeichnungen, Pappband.
DM 39,–/S 319,–

Falken-Handbuch **Trickfilmen**
Flach-, Sach- und Zeichentrickfilme – von
der Idee zur Ausführung. (4131) Von
H.-D. Wilden, 144 S., über 430 überwie-
gend farbige Abb., Pappband.
DM 39,–/S 319,–

Moderne Schmalfilmpraxis
Ausrüstungen · Drehbuch · Aufnahme
Schnitt · Vertonung. (4043) Von U. Ney,
328 S., 29 Farbfotos, 177 s/w-Fotos,
57 Zeichnungen, gebunden.
DM 29,80/S 239,–

Schmalfilmen
Ausrüstung · Aufnahmepraxis · Schnitt
Ton. (0342) Von U. Ney, 108 S., 4 Farb-
tafeln, 25 s/w-Fotos, kart.
DM 9,80/S 79,–

Schmalfilme selbst vertonen
(0593) Von U. Ney, 96 S., 57 s/w-Fotos,
14 Zeichnungen, kart. **DM 9,80**/S 79,–

Fotografie – Das Schöne als Ziel
Zur Ästhetik und Psychologie der visuel-
len Wahrnehmung. (4122) Von E. Stark,
208 S., 252 Farbfotos, 63 Zeichnungen,
Ganzleinen. **DM 78,–**/S 624,–

Ferngelenkte Motorflugmodelle
bauen und fliegen. (0400) Von W. Thies,
184 S., mit Zeichnungen und Detail-
plänen, kart. **DM 16,80**/S 139,–

Modellflug-Lexikon
(0549) Von W. Thies, 280 S.,
98 s/w-Fotos, 234 Zeichnungen,
Pappband. **DM 36,–**/S 298,–

Flugmodelle
bauen und einfliegen. (0361) Von W.
Thies und Willi Rolf, 160 S., 63 Abb.,
7 Faltpläne, kart. **DM 12,80**/S 99,–

CB-Code
Wörterbuch und Technik. (0435) Von
R. Kerler, 120 S.,5 s/w Fotos, 9 Zeich-
nungen, kart. **DM 9,80**/S 79,–

Kleine Welt auf Rädern
Das faszinierende Spiel mit **Modelleisen-bahnen** (4175) Von F. Eisen, 256 S.,
72 Farb- und 180 s/w-Fotos, 25 Zeich-
nungen, Pappband. **DM 29,80**/S 239,–

Modelleisenbahnen im Freien
Mit Volldampf durch den Garten. (4245)
Von F. Eisen, 96 S., 115 Farb-, 4 s/w-
Fotos, 5 Zeichnungen, Pappband.
DM 29,80/S 239,–

Raketen auf Rädern
Autos und Motorräder an der Schall-
grenze. (4220) Von H. G. Isenberg, 96 S.,
112 Farbfotos, 21 s/w-Fotos, Pappband.
DM 24,80/S 198,–

Die rasantesten Rallyes der Welt
(4213) Von H. G. Isenberg und D.
Maxeiner, 96 S., 116 Farbfotos,
Pappband. **DM 24,80**/S 198,–

Trucks
Giganten der Landstraßen in aller Welt.
(4222) Von H. G. Isenberg, 96 S.,
131 Farbfotos, Pappband.
DM 24,80/S 198,–

Ferngelenkte Elektromodelle
bauen und fliegen. (0700) Von W. Thies,
144 S., 52 s/w-Fotos, 50 Zeichnungen,
kart. **DM 16,80**/139,–

Schiffsmodelle
selber bauen. (0500) Von D. und R. Loch-
ner, 200 S., 93 Zeichnungen, 2 Faltpläne,
kart. **DM 14,80**/S 119,–

Dampflokomotiven
(4204) Von W. Jopp, 96 S., 134 Farb-
fotos, Pappband. **DM 24,80**/S 198,–

Zivilflugzeuge
Vom Kleinflugzeug zum Überschall-Jet.
(4218) Von R. J. Höhn und H. G.
Isenberg, 96 S., 115 Farbfotos,
Pappband. **DM 24,80**/S 198,–

Ferngelenkte Segelflugmodelle
bauen und fliegen. (0446) Von W. Thies,
176 S., 22 s/w-Fotos, 115 Zeichnungen,
kart. **DM 14,80**/S 119,–

Die schnellsten Motorräder der Welt
(4206) Von H. G. Isenberg und D.
Maxeiner, 96 S., 100 Farbfotos,
Pappband. **DM 24,80**/S 198,–

Motorrad-Hits
Chopper, Tribikes, Heiße Öfen. (4221)
Von H. G. Isenberg, 96 S., 119 Farbfotos,
Pappband. **DM 24,80**/S 198,–

Die Super-Motorräder der Welt
(4193) Von H. G. Isenberg, 192 S.,
170 Farb- und 100 s/w-Fotos, 8 Zeich-
nungen, Pappband. **DM 39,–**/S 319,–

Motorrad-Faszination
Heiße Öfen, von denen jeder träumt.
(4223) Von H. G. Isenberg, 96 S.,
103 Farb- und 20 s/w-Fotos, Pappband.
DM 24,80/S 198,–

Autos, die die Welt bewegten
Oldtimer
(2217) Von H. G. Isenberg, 80 S.,
32 Farb- und 22 s/w-Fotos, Pappband.
DM 9,80/S 85,–

Münzen
Ein Brevier für Sammler. (0353) Von E. Dehnke, 128 S., 4 Farbtafeln, 17 s/w-Abb., kart. **DM 9,80**/S 79.–

Astronomie als Hobby
Sternbilder und Planeten erkennen und benennen. (0572) Von D. Block, 176 S., 16 Farbtafeln, 49 s/w-Fotos, 93 Zeichnungen, kart. **DM 14.80**/S 119.–

Der Bart
Die individuelle Note des Mannes. (2222) Von H. Strutzmann, 80 S., 58 Farbfotos, Pappband. **DM 9,80**/S 85,–

Gitarre spielen
Ein Grundkurs für den Selbstunterricht. (0534) Von A. Roßmann, 96 S., 1 Schallfolie, 150 Zeichnungen, kart. **DM 24,80**/S 198.–

Falken-Handbuch **Zaubern**
Über 400 verblüffende Tricks. (4063) Von F. Stutz, 368 S., 1200 Zeichnungen, Pappband. **DM 36,–**/S 298.–

Zaubern
einfach – aber verblüffend. (2018) Von D. Buoch, 84 S., 41 Zeichnungen, kart. **DM 6,80**/S 59.–

Zaubertricks
Das große Buch der Magie. (0282) Von J. Zmeck, 244 S., 113 Abb., kart. **DM 14,80**/S 119.–

Magische Zaubereien
(0672) Von W. Widenmann, 64 S., 31 Zeichnungen, kart. **DM 7,80**/S 69.–

Pfeife rauchen
Die hohe Kunst, Tabak zu genießen. (2203) Von W. Hufnagel, 80 S., 77 Farbfotos, 4 s/w-Fotos, 11 Zeichnungen, Pappband. **DM 9,80**/S 85.–

Mit vollem Genuß **Pfeife rauchen**
Alles über Tabaksorten, Pfeifen und Zubehör. (4227) Von H. Behrens, H. Frickert, 168 S., 127 Farbfotos, 18 Zeichnungen, Pappband. **DM 39,–**/S 319,–

Mineralien, Steine und Fossilien
Grundkenntnisse für Hobby-Sammler. (0437) Von D. Stobbe, 96 S., 16 Farbtafeln, 14 s/w-Fotos, 10 Zeichnungen, kart. **DM 9,80**/S 79.–

Vom verführerischen Feuer der
Edelsteine
(2221) Von H. A. Mehler, R. Klotz, 80 S., 46 Farbfotos, Pappband. **DM 9,80**/S 85,–

Freizeit mit dem Mikroskop
(0291) Von M. Deckart, 132 S., 8 Farbtafeln, 64 s/w Abb., 2 Zeichnungen, kart. **DM 9,80**/S 79.–

Briefmarken
sammeln für Anfänger. (0481) Von D. Stein, 120 S., 4 Farbtafeln, 98 s/w-Abb., kart. **DM 9,80**/S 79.–

Wir lernen tanzen
Standard- und lateinamerikanische Tänze. (0200) Von E. Fern, 168 S., 118 s/w-Fotos, 47 Zeichnungen, kart. **DM 9,80**/S 79,–

Tanzstunde
Das Welttanzprogramm · Party-Tanzstunde. (5018) Von G. Hädrich, 172 S., 443 s/w-Fotos, 140 Zeichnungen, Pappband. **DM 19.80**/S 159,–

So tanzt man Rock'n'Roll
Grundschritte · Figuren · Akrobatik. (0573) Von W. Steuer und G. Marz, 224 S., 303 Abb., kart. **DM 16,80**/ S 139,–

Disco-Tänze
(0491) Von B. und F. Weber, 104 S., 104 Abb., kart. **DM 6,80**/S 59,–

Tanzen überall
Discofox, Rock'n'Roll, Blues, Langsamer Walzer, Cha-Cha-Cha zum Selberlernen. (0760) Von H. M. Pritzer, 112 S., 128 Farbfotos, kart. **DM 19,80**/S 159,–

Videokassette **Tanzen überall**
Discofox, Rock'n'Roll, Blues. (6004/VHS, 6005/Video 2000, 6006/Beta) Von H. M. Pritzer, G. Steinheimer, in Farbe, ca. 45 Min. **DM 98,–**/S 882,– (unverb. Preisempfehlung)

Wir wandern, wir wandern . . .
Romantisches Deutschland
(4168) Hrsg. H. Bücken, 160 S., durchgehend 4-farbig, über 350 Fotos, Pappband. **DM 29,80**/S 239,–

Unser schönes Deutschland neu gesehen
(4199) Hrsg. U. Moll, 208 S., 800 Farbfotos, Pappband. **DM 29,80**/S 239,–

Schwarzwald-Romantik
Vom Zauber einer deutschen Landschaft. (4232) Hrsg. A. Rolf, 184 S., 273 Farbfotos, Pappband. **DM 29,80**/S 239,–

Sport

Judo
Grundlagen des Stand- und Bodenkampfes. (4013) Von W. Hofmann, 244 S., 589 Fotos, Pappband. **DM 29,80**/S 239.–

Neue Lehrmethoden der Judo-Praxis
(0424) Von P. Herrmann, 223 S., 475 Abb., kart. **DM 16,80**/S 139.–

Judo
Grundlagen – Methodik. (0305) Von M. Ohgo, 208 S., 1025 Fotos, kart. **DM 14,80**/S 119.–

Wir machen Judo
(5069) Von R. Bonfranchi und U. Klocke, 92 S., mit Bewegungsabläufen in cartoonartigen zweifarbigen Zeichnungen, kart. **DM 12,80**/S 99.–

Fußwürfe
für Judo, Karate und Selbstverteidigung. (0439) Von H. Nishioka, 96 S., 260 Abb., kart. **DM 9,80**/S 79.–

Karate für alle
Karate-Selbstverteidigung in Bildern. (0314) Von A. Pflüger, 112 S., 356 s/w-Fotos, kart. **DM 9,80**/S 79.–

Karate für Frauen und Mädchen
Sport und Selbstverteidigung. (0425) Von A. Pflüger, 168 S., 259 s/w-Fotos, kart. **DM 12,80**/S 99.–

Nakayamas Karate perfekt 1
Einführung. (0487) Von M. Nakayama, 136 S., 605 s/w-Fotos, kart. **DM 19,80**/S 159.–

Nakayamas Karate perfekt 2
Grundtechniken. (0512) Von M. Nakayama, 136 S., 354 s/w-Fotos, 53 Zeichnungen, kart. **DM 19,80**/S 159.–

Nakayamas Karate perfekt 3
Kumite 1: Kampfübungen. (0538) Von M. Nakayama, 128 S., 424 s/w-Fotos, kart. **DM 19,80**/S 159.–

Nakayamas Karate perfekt 4
Kumite 2: Kampfübungen. (0547) Von M. Nakayama, 128 S., 394 s/w-Fotos, kart. **DM 19,80**/S 159.–

Nakayamas Karate perfekt 5
Kata 1: Heian, Tekki. (0571) Von M. Nakayama, 144 S., 1229 s/w-Fotos, kart. **DM 19,80**/S 159.–

Nakayamas Karate perfekt 6
Kata 2: Bassai-Dai, Kanku-Dai, (0600) Von M. Nakayama, 144 S., 1300 s/w-Fotos, 107 Zeichnungen, kart. **DM 19,80**/S 159.–

Nakayamas Karate perfekt 7
Kata 3: Jitte, Hangetsu, Empi. (0618) Von M. Nakayama, 144 S., 1988 s/w-Fotos, 105 Zeichnungen, kart. **DM 19,80**/S 159.–

Nakayamas Karate perfekt 8
Gankaku, Jion. (0650) Von M. Nakayama, 144 S., 1174 s/w-Fotos, 99 Zeichungen, kart. **DM 19,80**/S 159.–

Kontakt-Karate
Ausrüstung · Technik · Training. (0396) Von A. Pflüger, 112 S., 238 s/w-Fotos, kart. **DM 14,80**/S 119.–

Karate-Do
Das Handbuch des modernen Karate. (4028) Von A. Pflüger, 360 S., 1159 Abb., Pappband. **DM 39,–**/S 319.–

Bo-Karate
Kukishin-Ryu – die Techniken des Stockkampfes. ((0447) Von G. Stiebler, 176 S., 424 s/w-Fotos, 38 Zeichnungen, kart. **DM 16,80**/S 139.–

Karate I
Einführung · Grundtechniken. (0227) Von A. Pflüger, 148 S., 195 s/w-Fotos und 120 Zeichnungen, kart. **DM 9,80**/S 79.–

Karate II
Kombinationstechniken · Katas. (0239) Von A. Pflüger, 176 S., 452 s/w-Fotos und Zeichnungen, kart. **DM 9,80**/S 79.–

Karate Kata 1
Heian 1-5, Tekki 1, Bassai Dai. (0683) Von W.-D. Wichmann, 164 S., 703 s/w-Fotos, kart. **DM 19,80**/S 159,–

Karate Kata 2
Jion, Engi, Kanku-Dai, Hangetsu. (0723) Von W.-D. Wichmann, 140 S., 661 s/w Fotos, 4 Zeichnungen, kart. **DM 19,80**/S 159,–

Ninja 1
Die Lehre der Schattenkämpfer. (0758) Von S. K. Hayes, 144 S., 137 s/w-Fotos, kart. **DM 16,80**/S 139,–

FALKEN VERLAG

Die Preise entsprechen dem Status beim Druck dieses

Ninja 2
Die Wege zum Shoshin (0763) Von S. K. Hayes 160 S., 309 s/w-Fotos, kart.
DM 16,80/S 139,–

Ninja 3
Der Pfad des Togakure-Kämpfers. (0764) Von S. K. Hayes, 144 S., 197 s/w Fotos, 2 Zeichnungen, kart.
DM 16,80/S 139,–

Ninja 4
Das Vermächtnis der Schattenkämpfer. (0807) Von S. K. Hayes, 196 S., 466 s/w Fotos, kart. **DM 16,80**/S 139,–

Der König des Kung-Fu
Bruce Lee
Sein Leben und Kampf. (0392) Von seiner Frau Linda. 136 S., 104 s/w-Fotos, kart. **DM 19,80**/S 159.–

Bruce Lees Kampfstil 1
Grundtechniken. (0473) Von B. Lee und M. Uyehara, 109 S., 220 Abb., kart.
DM 9,80/S 79.–

Bruce Lees Kampfstil 2
Selbstverteidigungs-Techniken. (0486) Von B. Lee und M. Uyehara, 128 S., 310 Abb., kart. **DM 9,80**/S 79.–

Bruce Lees Kampfstil 3
Trainingslehre. (0503) Von B. Lee und M. Uyehara, 112 S., 246 Abb., kart.
DM 9,80/S 79.–

Bruce Lees Kampfstil 4
Kampftechniken. (0523) Von B. Lee und M. Uyehara, 104 S., 211 Abb., kart.
DM 9,80/S 79.–

Bruce Lees Jeet Kune Do
(0440) Von B. Lee, übersetzt von H.-J. Hesse, 192 S., mit 105 eigenhändigen Zeichnungen von B. Lee, kart.
DM 19,80/S 159.–

Ju-Jutsu 1
Grundtechniken – Moderne Selbstverteidigung. (0276) Von W. Heim und F. J. Gresch, 160 S., 460 s/w-Fotos, 8 Zeichnungen, kart. **DM 9,80**/S 79.–

Ju-Jutsu 2
für Fortgeschrittene und Meister. (0378) Von W. Heim und F. J. Gresch, 164 S., 798 s/w-Fotos, kart. **DM 19,80**/S 159.–

Ju-Jutsu 3
Spezial-, Gegen- und Weiterführungs-Techniken. (0485) Von W. Heim und F. J. Gresch, 214 S., über 600 s/w-Fotos, kart. **DM 19,80**/S 159.–

Nunchaku
Waffe · Sport · Selbstverteidigung. (0373) Von A. Pflüger, 144 S., 247 Abb., kart. **DM 16,80**/S 139.–

Shuriken · Tonfa · Sai
Stockfechten und andere bewaffnete Kampfsportarten aus Fernost. (0397) Von A. Schulz, 96 S., 253 s/w-Fotos, kart. **DM 12,80**/S 99.–

Illustriertes Handbuch des Taekwon-Do
Koreanische Kampfkunst und Selbstverteidigung. (4053) Von K. Gil, 248 S., 1026 Abb., Pappband. **DM 29,80**/S 239.–

Taekwon-Do
Koreanischer Kampfsport. (0347) Von K. Gil, 152 S., 408 Abb., kart.
DM 12,80/S 99.–

Aikido
Lehren und Techniken des harmonischen Weges. (0537) Von R. Brand, 280 S., 697 Abb., kart. **DM 19,80**/S 159.–

Kung-Fu und Tai-Chi
Grundlagen und Bewegungsabläufe. (0367) Von B. Tegner, 182 S., 370 s/w-Fotos, kart. **DM 14,80**/S 119.–

Kung-Fu
Theorie und Praxis klassischer und moderner Stile. (0376) Von M. Pabst, 160 S., 330 Abb., kart.
DM 12,80/S 99.–

Shaolin-Kempo – Kung-Fu
Chinesisches Karate im Drachenstil. (0395) Von R. Czerni und K. Konrad. 246 S., 723 Abbildungen, kart.
DM 19,80/S 159.–

Hap Ki Do
Grundlagen und Techniken koreanischer Selbstverteidigung. (0379) Von Kim Sou Bong, 112 S., 153 Abb., kart.
DM 14,80/S 119.–

Dynamische Tritte
Grundlagen für den Zweikampf. (0438) Von C. Lee, 96 S., 398 s/w-Fotos, 10 Zeichnungen, kart. **DM 9,80**/S 79.–

Kickboxen
Fitneßtraining und Wettkampfsport. (0795) Von G. Lemmens, 96 S., 208 s/w Fotos, 23 Zeichnungen, kart.
DM 16,80/S 139,–

Muskeltraining mit Hanteln
Leistungssteigerung für Sport und Fitness. (0676) Von H. Schulz, 108 S., 92 s/w-Fotos, 2 Zeichnungen, kart.
DM 9,80/ S 79.–

Leistungsfähiger durch Krafttraining
Eine Anleitung für Fitness-Sportler, Trainer und Athleten (0617) Von W. Kieser, 100 S., 20 s/w-Fotos, 62 Zeichnungen, kart. **DM 9,80**/S 79.–

Bodybuilding
Anleitung zum Muskel- und Konditionstraining für sie und ihn. (0604) Von R. Smolana, 160 S., 171 s/w-Fotos, kart.
DM 9,80/S 79.–

Hanteltraining zu Hause
(0800) Von W. Kieser, 80 S., 71 s/w Fotos, 4 Zeichnungen, kart.
DM 9,80/S 79,–

Fit und gesund
Körpertraining und Bodybuilding zu Hause. (0782) Von H. Schulz, 80 S., 100 Farbfotos, 3 Zeichnungen, kart.
DM 14,80/S 119,–

Video-Kassette:
Fit und gesund
VHS (6013), Video 2000 (6014), Beta (6015), Laufzeit 30 Minuten, in Farbe.
DM 49,80/ S 448,–
(unverb. Preisempf.)

Package (Buch und Kassette)
Fit und gesund
(6019/VHS, 6020/Video 2000, 6021/Beta). Von H. Schulz,
DM 65,–/S 585,–
(unverbindl. Preisempf.)

Bodybuilding für Frauen
Wege zu Ihrer Idealfigur (0661) Von H. Schulz, 108 S., 84 s/w-Fotos, 4 Zeichnungen, großes farbiges Übungsposter, kart. **DM 14,80**/S 119.–

Isometrisches Training
Übungen für Muskelkraft und Entspannung. (0529) Von L. M. Kirsch, 140 S., 162 s/w-Fotos, kart. **DM 9,80**/S 79.–

Spaß am Laufen
Jogging für die Gesundheit. (0470) Von W. Sonntag, 140 S., 41 s/w-Fotos, 1 Zeichnung, kart. **DM 9,80**/S 79.–

Mein bester Freund, der Fußball
(5107) Von D. Brüggemann und D. Albrecht, 144 S., 171 Abb., kart.
DM 16,80/S 139.–

Fußball
Training und Wettkampf. (0448) Von H. Obermann und P. Walz, 166 S., 92 s/w-Fotos, 15 Zeichnungen, 29 Diagramme, kart. **DM 12,80**/S 99.–

Handball
Technik · Taktik · Regeln. (0426) Von F. und P. Hattig, 128 S., 91 s/w-Fotos, 121 Zeichnungen, kart. **DM 14,80**/S 119.–

Volleyball
Technik · Taktik · Regeln. (0351) Von H. Huhle, 104 S., 330 Abb., kart.
DM 9,80/S 79.–

Basketball
Technik und Übungen für Schule und Verein. (0279) Von C. Kyriasoglou, 116 S., mit 252 Übungen zur Basketballtechnik, 186 s/w-Fotos und 164 Zeichnungen, kart. **DM 12,80**/S 99.–

Hockey
Technische und taktische Grundlagen. (0398) Von H. Wein, 152 S., 60 s/w-Fotos, 30 Zeichnungen, kart.
DM 16,80/S 139.–

Eishockey
Lauf- und Stocktechnik, Körperspiel, Taktik, Ausrüstung und Regeln. (0414) Von J. Čapla, 264 S., 548 s/w-Fotos, 163 Zeichnungen, kart. **DM 19,80**/S 159.–

Badminton
Technik · Taktik · Training. (0699) Von K. Fuchs, L. Sologub, 168 S., 51 Abb., kart., **DM 16,80**/S 139.–

Golf
Ausrüstung · Technik · Regeln. (0343) Von J. C. Jessop, übersetzt von H. Biemer, mit einem Vorwort von H. Krings, Präsident des Deutschen Golf-Verbandes, 160 S., 65 Abb., Anhang Golfregeln des DGV, kart. **DM 16,80**/S 139.–

Pool-Billard
(0484) Herausgegeben vom Deutschen Pool-Billard-Bund, von M. Bach und K.-W. Kühn, 88 S., mit über 80 Abb., kart. **DM 7,80**/S 69.–

Sportschießen
für jedermann. (0502) Von A. Kovacic, 124 S., 116 s/w-Fotos, kart.
DM 14,80/S 119.–

Fechten
Florett · Degen · Säbel. (0449) Von E. Beck, 88 S., 219 Fotos und Zeichnungen, kart. **DM 11,80**/S 94.–

Reiten
Dressur · Springen · Gelände. (0415) Von U. Richter, 168 S., 235 Abb., kart.
DM 12,80/S 99.–

Fibel für Kegelfreunde
Sport- und Freizeitkegeln · Bowling. (0191) Von G. Bocsai, 72 S., 62 Abb., kart. **DM 5,80**/S 49.–

Beliebte und neue Kegelspiele
(0271) Von G. Bocsai, 92 S., 62 Abb., kart. **DM 5,80**/S 49.–

111 spannende Kegelspiele
(2031) Von H. Regulski, 88 S., 53 Zeichnungen, kart., **DM 7,80**/S 69.–

Ski-Gymnastik
Fit für Piste und Loipe. (0450) Von H. Pilss-Samek, 104 S., 67 s/w-Fotos, 20 Zeichnungen, kart. **DM 6,80**/S 59.–

Die neue Skischule
Ausrüstung · Technik · Trickskilauf · Gymnastik. (0369) Von C. und R. Kerler, 128 S., 100 Abb., kart. **DM 9,80**/S 79.–

Skilanglauf, Skiwandern
Ausrüstung · Techniken · Skigymnastik. (5129) Von T. Reiter und R. Kerler, 80 S., 8 Farbtafeln, 85 Zeichnungen und s/w-Fotos, kart. **DM 14,80**/S 119,–

Alpiner Skisport
Ausrüstung · Techniken · Skigymnastik (5130) Von K. Meßmann, 128 S., 8 Farbtafeln, 93 s/w-Fotos, 45 Zeichnungen, kart. **DM 14,80**/S 119.–

Die neue Tennis-Praxis
Der individuelle Weg zu erfolgreichem Spiel. (4097) Von R. Schönborn, 240 S., 202 Farbzeichnungen, 31 s/w-Abb., Pappband. **DM 39,–**/S 319.–

Erfolgreiche Tennis-Taktik
(4086) Von R. Ford Greene, übersetzt von M. R. Fischer, 182 S., 87 Abb., kart. **DM 19,80**/S 159.–

Moderne Tennistechnik
(4187) Von G. Lam, 192 S., 339 s/w Fotos, 91 Zeichnungen, kart. **DM 24,80**/S 198.–

Tennis kompakt
Der erfolgreiche Weg zu Spiel, Satz und Sieg. (5116) Von W. Taferner, 128 S., 82 s/w-Fotos, 67 Zeichnungen, kart. **DM 14,80**/S 119.–

Tennis
Technik · Taktik · Regeln. (0375) Von H. Elschenbroich, 112 S., 81 Abb., kart. **DM 6,80**/S 59.–

Tischtennis-Technik
Der individuelle Weg zu erfolgreichem Spiel. (0775) Von M. Perger, 144 S., 296 Abb. kart. **DM 16,80**/S 139.–

Squash
Ausrüstung · Technik · Regeln. (0539) Von D. von Horn und H.-D. Stünitz, 96 S., 55 s/w-Fotos, 25 Zeichnungen, kart. **DM 8,80**/S 74.–

Sporttauchen
Theorie und Praxis des Gerätetauchens. (0647) Von S. Müßig, 144 S., 8 Farbtafeln, 35 s/w-Fotos, 89 Zeichnungen, kart., **DM 14,80**/S 119.–

Windsurfing
Lehrbuch für Grundschein und Praxis. (5028) Von C. Schmidt, 64 S., 60 Farbfotos, Pappband. **DM 12,80**/S 99.–

Segeln
Der neue Grundschein – Vorstufe zum A-Schein – Mit Prüfungsfragen. (5147) Von C. Schmidt, 80 S., 8 Farbtafeln, 18 Farbfotos, 82 Zeichnungen, **DM 14,80**/S 119.–

Sportfischen
Fische – Geräte – Technik. (0324) Von H. Oppel, 144 S., 49 s/w-Fotos, 8 Farbtafeln, kart. **DM 9,80**/S 79.–

Falken-Handbuch **Angeln**
in Binnengewässern und im Meer. (4090) Von H. Oppel, 344 S., 24 Farbtafeln, 66 s/w-Fotos, 151 Zeichnungen, gebunden. **DM 39,–**/S 319.–

Angeln
Kleine Fibel für den Sportfischer. (0198) Von E. Bondick, 96 S., 116 Abb., kart. **DM 8,80**/S 74.–

Die Erben Lilienthals
Sportfliegen heute
(4054) Von G. Brinkmann, 240 S., 32 Farbtafeln, 176 s/w-Fotos, 33 Zeichnungen, gebunden. **DM 39,–**/S 319.–

Einführung in das Schachspiel
(0104) Von W. Wollenschläger und K. Colditz, 92 S., 116 Diagramme, kart. **DM 6,80**/S 59.–

Schach mit dem Computer
(0747) Von D. Frickenschmidt, 140 S., 112 Diagramme, 29 s/w-Fotos, 5 Zeichnungen, **DM 16,80**/S 139.–

Spielend Schach lernen
(2002) Von T. Schuster, 128 S., kart. **DM 6,80**/S 59.–

Kinder- und Jugendschach
Offizielles Lehrbuch des Deutschen Schachbundes zur Erringung der Bauern-, Turm- und Königsdiplome. (0561) Von B. J. Withuis und H. Pfleger, 144 S., 220 Zeichnungen u. Diagramme, kart. **DM 12,80**/S 99.–

Neue Schacheröffnungen
(0478) Von T. Schuster, 108 S., 100 Diagramme, kart. **DM 8,80**/S 74.–

Schach für Fortgeschrittene
Taktik und Probleme des Schachspiels. (0219) Von R. Teschner, 96 S., 85 Diagramme, kart. **DM 5,80**/S 49.–

Taktische Schachendspiele
(0752) Von J. Nunn, 200 S., 151 Diagramme, kart. **DM 16,80**/S 139.–

Schach-WM '85 Karpow – Kasparow.
Mit ausführlichen Kommentaren zu allen Partien. (0785) Von H. Pfleger, O. Borik, M. Kipp-Thomas, 128 S., zahlreiche Abb. und Diagramme, kart. **DM 14,80**/S 119.–

Schachstrategie
Ein Intensivkurs mit Übungen und ausführlichen Lösungen. (0584) Von A. Koblenz, dt. Bearb. von K. Colditz, 212 S., 240 Diagramme, kart. **DM 16,80**/S 139.–

Falken-Handbuch **Schach**
(4051) Von T. Schuster, 360 S., über 340 Diagramme, gebunden. **DM 36,–**/S 298.–

Die besten Partien deutscher Schachgroßmeister
(4121) Von H. Pfleger, 192 S., 29 s/w-Fotos, 89 Diagramme, Pappband. **DM 29,80**/S 239.–

Turnier der Schachgroßmeister '83
Karpow · Hort · Browne · Miles · Chandler · Garcia · Rogers · Kindermann. (0718) Von H. Pfleger, E. Kurz, 176 S., 29 s/w-Fotos, 71 Diagramme, kart. **DM 16,80**/S 139.–

Lehr-, Übungs- und Testbuch der Schachkombinationen
(0649) Von K. Colditz, 184 S., 227 Diagramme, kart. **DM 14,80**/S 119.–

Zug um Zug
Schach für jedermann 1
Offizielles Lehrbuch des Deutschen Schachbundes zur Erringung des Bauerndiploms. (0648) Von H. Pfleger und E. Kurz, 80 S., 24 s/w-Fotos, 8 Zeichnungen, 60 Diagramme, kart. **DM 6,80**/ S 59.–

Zug um Zug
Schach für jedermann 2
Offizielles Lehrbuch des Deutschen Schachbundes zur Erringung des Turmdiploms. (0659) Von H. Pfleger und E. Kurz, 132 S., 8 s/w-Fotos, 14 Zeichnungen, 78 Diagramme, kart. **DM 9,80**/S 79.–

Zug um Zug
Schach für jedermann 3
Offizielles Lehrbuch des Deutschen Schachbundes zur Erringung des Königdiploms. (0728) Von H. Pfleger, G. Treppner, 128 S., 4 s/w-Fotos, 84 Diagramme, 10 Zeichnungen, kart. **DM 9,80**/S 79.–

Schachtraining mit den Großmeistern
(0670) Von H. Bouwmeester, 128 S., 90 Diagramme, kart. **DM 14,80**/ S 119.–

Schach als Kampf
Meine Spiele und mein Weg. (0729) Von G. Kasparow, 144 S., 95 Diagramme, 9 s/w-Fotos, kart. **DM 14,80**/S 119.–

Spiele, Denksport, Unterhaltung

Kartenspiele
(2001) Von C. D. Grupp, 144 S., kart. **DM 9,80**/S 79.–

Neues Buch der siebzehn und vier Kartenspiele
(0095) Von K. Lichtwitz, 96 S., kart. **DM 6,80**/S 59.–

Alles über Pokern
Regeln und Tricks. (2024) Von C. D. Grupp, 120 S., 29 Kartenbilder, kart. **DM 8,80**/S 74.–

Rommé und Canasta
in allen Variationen. (2025) Von C. D. Grupp, 124 S., 24 Zeichnungen, kart., **DM 9,80**/S 79.–

Schafkopf, Doppelkopf, Binokel, Cego, Gaigel, Jaß, Tarock und andere „Lokalspiele".
(2015) Von C. D. Grupp, 152 S., kart. **DM 12,80**/S 99.–

Spielend Skat lernen
unter freundlicher Mitarbeit des deutscher Skatverbandes. (2005) Von Th. Krüger, 156 S., 181 s/w-Fotos, 22 Zeichnungen, kart. **DM 9,80**/S 79.–

Das Skatspiel
Eine Fibel für Anfänger. (0206) Von K. Lehnhoff, überarb. von P. A. Höfges, 96 S., kart. **DM 6,80**/S 59.–

Black Jack
Regeln und Strategien des Kasinospiels. (2032) Von K. Kelbratowski, 88 S., kart. **DM 9,80**/S 79.–

Falken-Handbuch **Patiencen**
Die 111 interessantesten Auslagen. (4151) Von U. v. Lyncker, 216 S., 108 Abbildungen, Pappband. **DM 29,80**/S 239.–

Patiencen
in Wort und Bild. (2003) Von I. Wolter, 136 S., kart. **DM 7,80**/S 69.–

Falken-Handbuch **Bridge**
Von den Grundregeln zum Turnierspiel. (4092) Von W. Voigt und K. Ritz, 276 S., 792 Zeichnungen, gebunden. **DM 39,-**/S 319.–

Spielend Bridge lernen
(2012) Von J. Weiss, 108 S., 58 Zeichnungen, kart. **DM 7,80**/S 69.–

Spieltechnik im Bridge
(2004) Von V. Mollo und N. Gardener, deutsche Adaption von D. Schröder, 216 S., kart. **DM 16,80**/S 139.–

Besser Bridge spielen
Reiztechnik, Spielverlauf und Gegenspiel. (2026) Von J. Weiss, 144 S., 60 Diagrammen, kart. **DM 14,80**/S 119.–

Herausforderung im Bridge
200 Aufgaben mit Lösungen. (2033) Von V. Mollo, 152 S., kart. **DM 19,80**/S 159.–

Kartentricks
(2010) Von T. A. Rosee, 80 S., 13 Zeichnungen, kart. **DM 6,80**/S 59.–

Mah-Jongg
Das chinesische Glücks-, Kombinations- und Gesellschaftsspiel. (2030) Von U. Eschenbach, 80 S., 30 s/w-Fotos, 5 Zeichnungen, kart. **DM 9,80**/S 79.–

Neue Kartentricks
(2027) Von K. Pankow, 104 S., 20 Abb., kart. **DM 7,80**/S 69.–

Backgammon
für Anfänger und Könner. (2008) Von G. W. Fink und G. Fuchs, 116 S., 41 Abb., kart. **DM 9,80**/S 79.–

Würfelspiele
für jung und alt. (2007) Von F. Pruss, 112 S., 21 s/w-Zeichnungen, kart.
DM 7,80/S 69.–

Gesellschaftsspiele
für drinnen und draußen. (2006) Von H. Görz, 128 S., kart. **DM 6,80**/S 59.–

Spiele für Party und Familie
(2014) Von Rudi Carrell, 160 S., 50 Abb., kart. **DM 9,80**/S 79.–

Dame
Das Brettspiel in allen Variationen. (2028) Von C. D. Grupp, 104 S., 122 Diagramme, kart. **DM 9,80**/S 79.–

Das japanische Brettspiel Go
(2020) Von W. Dörholt, 104 S., 182 Diagramme, kart. **DM 9,80**/S 79.–

Roulette richtig gespielt
Systemspiele, die Vermögen brachten. (0121) Von M. Jung, 96 S., zahlreiche Tabellen, kart. **DM 7,80**/S 69.–

So gewinnt man gegen Video- und Computerspiele
(0644) Von C. Kerler, 160 S., 25 Zeichnungen, 30 s/w-Fotos, kart.
DM 6,80/S 59.–

Denksport und Schnickschnack
für Tüftler und fixe Köpfe. (0362) Von J. Barto, 100 S., 45 Abb., kart.
DM 6,80/S 59.–

Rätselspiele, Quiz- und Scherzfragen
für gesellige Stunden. (0577) Von K.-H. Schneider, 168 S., über 100 Zeichnungen, Pappband. **DM 16,80**/S 139.–

Knobeleien und Denksport
(2019) Von K. Rechberger, 142 S., 105 Zeichnungen, kart. **DM 7,80**/S 69.–

Quiz
Mehr als 1500 ernste und heitere Fragen aus allen Gebieten. (0129) Von R. Sautter und W. Pröve, 92 S., 9 Zeichnungen, kart. **DM 7,80**/S 69.–

500 Rätsel selberraten
(0681) Von E. Krüger, 272 S., kart.
DM 9,95/S 79.–

Das Super-Kreuzwort-Rätsel-Lexikon
Über 150.000 Begriffe. (4126) Von H. Schiefelbein, 684 S., Pappband.
DM 19,80/S 159.–

365 Schwedenrätsel
(4173) Von Günther Borutta, 336 S.,kart.
DM 16,80/S 139.–

501 Rätsel selberraten
(0711) Von E. Krüger, 272 S., kart.
DM 9,95/S 79.–

Riesen-Kreuzwort-Rätsel-Lexikon
über 250.000 Begriffe. (4197) Von H. Schiefelbein, 1024 S., Pappband.
DM 29,80/S 239.–

Das große farbige Kinderlexikon
(4195) Von U. Kopp, 320 S., 493 Farbabb., 17 s/w-Fotos, Pappband.
DM 29,80/S 239.–

Punkt, Punkt, Komma, Strich
Zeichenstunden für Kinder. (0564) Von H. Witzig, 144 S., über 250 Zeichnungen, kart. **DM 6,80**/S 59.–

Einmal grad und einmal krumm
Zeichenstunden für Kinder. (0599) Von H. Witzig, 144 S., 363 Abb., kart.
DM 6,80/S 59.–

Kinderspiele
die Spaß machen. (2009) Von H. Müller-Stein, 112 S., 28 Abb., kart.
DM 6,80/S 59.–

Spiele für Kleinkinder
(2011) Von D. Kellermann, 80 S., 23 Abb., kart. **DM 5,80**/S 49.–

Kasperletheater
Spieltexte und Spielanleitungen · Basteltips für Theater und Puppen. (0641) Von U. Lietz, 136 S., 4 Farbtafeln, 12 s/w-Fotos, 39 Zeichnungen, kart.
DM 9,80/S 79.–

Kindergeburtstag
Vorbereitung, Spiel und Spaß. (0287) Von Dr. I. Obrig, 104 S., 40 Abb., 11 Zeichnungen, 9 Lieder mit Noten, kart.
DM 5,80/S 49.–

Kindergeburtstage die keiner vergißt
Planung, Gestaltung, Spielvorschläge. (0698) Von G. und G. Zimmermann, 102 S., 80 Vignetten, kart. **DM 9,80**/ S 79.–

Kinderfeste
daheim und in Gruppen. (4033) Von G. Blechner, 240 S., 320 Abb., kart.
DM 19,80/S 159.–

Scherzfragen, Drudel und Blödeleien
gesammelt von Kindern. (0506) Hrsg. von W. Pröve, 112 S., 57 Zeichnungen, kart. **DM 5,80**/S 49.–

Kein schöner Land...
Das große Buch unserer beliebtesten Volkslieder. (4150) 208 S., 108 Farbzeichnungen, Pappband. **19,80**/S 159.–

Die schönsten Wander- und Fahrtenlieder
(0462) Hrsg. von F. R. Miller, empfohlen vom Deutschen Sängerbund, 80 S., mit Noten und Zeichnungen, kart.
DM 5,80/S 49.–

Die schönsten Volkslieder
(0432) Hrsg. von D. Walther, 128 S., mit Noten und Zeichnungen, kart.
DM 6,80/ S 55.–

Wir geben eine Party
(0192) Von E. Ruge, 88 S., 8 Farbtafeln, 23 Zeichnungen, kart. **DM 8,80**/S 74.–

Neue Spiele für Ihre Party
(2022) Von G. Blechner, 120 S., 54 Zeichnungen, kart. **DM 7,80**/S 69.–

Lustige Tanzspiele und Scherztänze
für Parties und Feste. (0165) Von E. Bäulke, 80 S., 53 Abb., kart.
DM 6,80/S 59.–

Straßenfeste, Flohmärkte und Basare
Praktische Tips für Organisation und Durchführung. (0592) Von H. Schuster, 96 S., 52 Fotos, 17 Zeichnungen, kart.
DM 12,80/S 99.–

Humor

Es ist ein Brauch von alters her...
Lebensweisheiten
(2214) Von W. Busch, 80 S., 38 Zeichnungen, Pappband. **DM 9,80**/S 79.–

Heitere Vorträge und witzige Reden
Lachen, Witz und gute Laune. (0149) Von E. Müller, 104 S., 44 Abb., kart.
DM 9,80/S 79.–

Tolle Sketche
mit zündenden Pointen – zum Nachspielen. (0656) Von E. Cohrs, 112 S., kart. **DM 9,80**/S 79.–

Vergnügliche Sketche
(0476) Von H. Pillau, 96 S., mit 7 lustigen Zeichnungen, kart.
DM 6,80/S 59.–

Heitere Vorträge
(0528) Von E. Müller, 128 S., 14 Zeichnungen, kart. **DM 9,80**/S 79.–

Die große Lachparade
Neue Texte für heitere Vorträge und Ansagen. (0188) Von E. Müller, 108 S., kart. **DM 6,80**/S 59.–

So feiert man Feste fröhlicher
Heitere Vorträge und Gedichte. (0098) Von Dr. Allos, 96 S., 15 Abb., kart. **DM 7,80**/S 69.–

Lustige Vorträge für fröhliche Feiern
(0284) Von Karl Lehnhoff, 96 S., kart.
DM 6,80/S 59.–

Vergnügliches Vortragsbuch
(0091) Von J. Plaut, 192 S., kart.
DM 8,80/S 74.–

Tolle Sachen zum Schmunzeln und Lachen
Lustige Ansagen und Vorträge. (0163) Von E. Müller, 92 S., kart.
DM 6,80/S 59.–

Humor für jedes Ohr
Fidele Sketche und Ansagen. (0157) Von H. Ehnle, 96 S., kart. **DM 6,80**/S 59.–

Sketche und spielbare Witze
für bunte Abende und andere Feste. (0445) Von H. Friedrich, 120 S., 7 Zeichnungen, kart. **DM 6,80**/S 59.–

Sketsche
Kurzspiele zu amüsanter Unterhaltung. (0247) Von M. Gering, 132 S., 16 Abb., kart., **DM 6,80**/59.–

Dalli-Dalli-Sketche
aus dem heiteren Ratespiel von und mit Hans Rosenthal. (0527) Von H. Pillau, 144 S., 18 Zeichnungen, kart.
DM 9,80/S 79.–

Witzige Sketche zum Nachspielen
(0511) Von D. Hallervorden, 160 S., kart.
DM 14,80/S 119.–

Gereimte Vorträge
für Bühne und Bütt. (0567) Von G. Wagner, 96 S., kart. **DM 7,80**/S 69.–

Damen in der Bütt
Scherze, Büttenreden, Sketsche. (0354) Von T. Müller, 136 S., kart.
DM 8,80/S 74.–

Narren in der Bütt
Leckerbissen aus dem rheinischen Karneval. (0216) Zusammengestellt von T. Lücker, 112 S., kart.
DM 8,80/S 74.–

Rings um den Karneval
Karnevalsscherze und Büttenreden. (0130) Von Dr. Allos, 136 S., kart.
DM 9,80/S 79.–

Helau und Alaaf 1
Närrisches aus der Bütt. (0304) Von E. Müller, 112 S., kart.
DM 6,80/S 59.–

Helau und Alaaf 2
Neue Büttenreden. (0477) Von E. Luft, 104 S., kart.
DM 7,80/S 69.–

Humor und Stimmung
Ein heiteres Vortragsbuch. (0460) Von G. Wagner, 112 S., kart. **DM 6,80**/S 59.–

Humor und gute Laune
Ein heiteres Vortragsbuch. (0635) Von G. Wagner, 112 S., 5 Zeichnungen, kart. **DM 8,80**/S 74.–

Das große Buch der Witze
(0384) Von E. Holz, 320 S., 36 Zeichnungen, Pappband. **DM 16,80**/S 139.–

Da lacht das Publikum
Neue lustige Vorträge für viele Gelegenheiten. (0716) Von H. Schmalenbach, 104 S., kart. **DM 9,80**/S 79.–

Witzig, witzig
(0507) Von E. Müller, 128 S., 16 Zeichnungen, kart. **DM 6,80**/S 59.–

Die besten Witze und Cartoons des Jahres 1
(0454) Hrsg. von K. Hartmann, 288 S., 125 Zeichnungen, geb. **DM 16,80**/S 139.–

Die besten Witze und Cartoons des Jahres 2
(0488) Hrsg. von K. Hartmann, 288 S., 148 Zeichnungen, geb. **DM 16,80**/S 139.–

Die besten Witze und Cartoons des Jahres 3
(0524) Hrsg. von K. Hartmann, 288 S., 105 Zeichnungen, Pappband.
DM 16,80/S 139.–

Die besten Witze und Cartoons des Jahres 4
(0579) Hrsg. von K. Hartmann, 288 S., 140 Zeichnungen, Pappband.
DM 16,80/S 139.–

Die besten Witze und Cartoons des Jahres 5
(0642) Hrsg. von K. Hartmann, 288 S., 88 Zeichnungen, Pappband.
DM 16,80/S 139.–

Das Superbuch der Witze
(4146) Von B. Bornheim, 504 S., 54 Cartoons, Pappband.
DM 16,80/S 139.–

Witze
Lachen am laufenden Band (4241) Von J. Borkert, D. Kroppach, 400 S., 41 Zeichnungen, Pappband.
DM 15,–/S 120.–

Die besten Beamtenwitze
(0574) Hrsg. von W. Pröve, 112 S., 59 Cartoons, kart. **DM 5,80**/S 49.–

Die besten Kalauer
(0705) Von K. Frank, 112 S., 12 Zeichnungen, kart., **DM 5,80**/S 49.–

Robert Lembkes Witzauslese
(0325) Von Robert Lembke, 160 S., mit 10 Zeichnungen von E. Köhler, Pappband.
DM 14,80/S 119.–

Fred Metzlers Witze mit Pfiff
(0368) Von F. Metzler, 120 S., kart.
DM 6,80/S 59.–

O frivol ist mir am Abend
Pikante Witze von Fred Metzler. (0388) Von F. Metzler, 128 S., mit Karikaturen, kart. **DM 5,80**/S 49.–

Herrenwitze
(0589) Von G. Wilhelm, 112 S., 31 Zeichnungen, kart. **DM 5,80**/S 49.–

Witze am laufenden Band
(0461) Von F. Asmussen, 118 S., kart.
DM 6,80/S 59.–

Horror zum Totlachen
Gruselwitze
(0536) Von F. Lautenschläger, 96 S., 44 Zeichnungen, kart. **DM 5,80**/S 49.–

Die besten Ostfriesenwitze
(0495) Hrsg. von O. Freese, 112 S., 17 Zeichnungen, kart. **DM 5,80**/S 49.–

Die Kleidermotte ernährt sich von nichts, sie frißt nur Löcher
Stilblüten, Sprüche und Widersprüche aus Schule, Zeitung, Rundfunk und Fernsehen. (0738) Von P. Haas, D. Kroppach, 112 S., zahlr. Abb., kart. **DM 6,80**/S 59.–

Olympische Witze
Sportlerwitze in Wort und Bild.
(0505) Von W. Willnat, 112 S., 126 Zeichnungen, kart. **DM 5,80**/S 49.–

Ich lach mich kaputt! Die besten Kinderwitze
(0545) Von E. Hannemann, 128 S., 15 Zeichnungen, kart. **DM 5,80**/S 49.–

Lach mit!
Witze für Kinder, gesammelt von Kindern. (0468) Hrsg. von W. Pröve, 128 S., 17 Zeichnungen, kart. **DM 6,80**/S 59.–

Die besten Kinderwitze
(0757) Von K. Rank, 120 S., 28 Zeichnungen, kart. **DM 6,80**/S 59.–

Lustige Sketche für Jungen und Mädchen
Kurze Theaterstücke für Jungen und Mädchen. (0669) Von U. Lietz und U. Lange, 104 S., kart. **DM 7,80**/S 69.–

Natur

Faszination Berg
zwischen Alpen und Himalaya.
(4214) Von T. Hiebeler, 96 S., 100 Farbfotos, Pappband. **DM 24,80**/S 198.–

Hilfe für den Wald
Ursachen, Schadbilder, Hilfsprogramme. Was jeder wissen muß, um unser wichtigstes Öko-System zu retten. (4164) Von K. F. Wentzel, R. Zundel, 128 S., 178 Farb- und 6 s/w-Fotos, 60 Zeichnungen, kart.
DM 19,80/S 159.–

Gefährdete und geschützte Pflanzen
erkennen und benennen. (0596) Von W. Schnedler und K. Wolfstetter, 160 S., 140 Farbfotos, 4 Zeichnungen, kart.
DM 19,80/S 159.–

Beeren und Waldfrüchte
erkennen und benennen, eßbar oder giftig? (0401) Von J. Raithelhuber, 120 S., 90 Farbfotos, 40 Zeichnungen, kart. **DM 16,80**/S 139.–

Pilze
erkennen und benennen. (0380) Von J. Raithelhuber, 136 S., 110 Farbfotos, kart. **DM 14,80**/S 119.–

Falken-Handbuch **Pilze**
Mit über 250 Farbfotos und Rezepten. (4061) Von M. Knoop, 276 S., 250 Farbfotos, Pappband. **DM 39,–**/S 319.–

Das Gartenjahr
Arbeitsplan für den Hobbygärtner. (4075) Von G. Bambach, 152 S., 16 Farbtafeln, 141 Abb., kart. **DM 14,80**/S 119.–

Gartenteiche und Wasserspiele
planen, anlegen und pflegen. (4083) Von H. R. Sikora, 160 S., 31 Farb- und 31 s/w-Fotos, 73 Zeichnungen, Pappband.
DM 29,80/S 239.–

Wasser im Garten
Von der Vogeltränke zum Naturteich – Natürliche Lebensräume selbst gestalten. (4230) Von H. Hendel, 240 S., 247 Farbfotos, 68 Farbzeichnungen, Pappband.
DM 59,–/S 479.–

Gärtnern
(5004) Von I. Manz, 64 S., 38 Farbfotos, Pappband. **DM 14,80**/S 119.–

Gärtner Gustavs Gartenkalender
Arbeitspläne · Pflanzenporträts · Gartenlexikon. (4155) Von G. Schoser, 120 S., 146 Farbfotos, 13 Tabellen, 203 farbige Zeichnungen, Pappband.
DM 24,80/S 198.–

Ziersträucher und -bäume im Garten
(5071) Von I. Manz, 64 S., 91 Farbfotos, Pappband. **DM 14,80**/S 119.–

Das Blumenjahr
Arbeitsplan für drinnen und draußen. (4142) Von G. Vocke, 136 S., 15 Farbtafeln, kart. **DM 14,80**/S 119.–

Der richtige Schnitt von Obst- und Ziergehölzen, Rosen und Hecken
(0619) Von E. Zettl, 88 S., 8 Farbtafeln, 39 Zeichnungen, 21 s/w-Fotos, kart.
DM 7,80/S 69.–

Blumenpracht im Garten
(5014) Von I. Manz, 64 S., 93 Farbfotos, Pappband. **DM 14,80**/S 119.–

Vom betörenden Zauber der **Rosen**
(2206) Von H. Steinhauer, 80 S., 89 Farbfotos und Zeichnungen, Pappband. **DM 9,80**/S 85.–

Blütenpracht in Haus und Garten
(4145) Von M. Haberer, u. a., 352 S., 1012 Farbfotos, Pappband.
DM 39,–/S 319.–

Das bunte Blütenparadies der **Blumen**
(2219) Von B. Zeidelhack, 80 S., 72 Farbabb., Pappband. **DM 9,80**/S 85.–

Sag's mit Blumen
Pflege und Arrangieren von Schnittblumen (5103) Von P. Möhring, 64 S., 68 Farbfotos 2 s/w-Abb., Pappband. **DM 14,80**/S 119.–

Grabgestaltung
Bepflanzung und Pflege zu jeder Jahreszeit. (5120) Von N. Uhl, 64 S., 77 Farbfotos, 2 Zeichnungen, Pappband.
DM 16,80/S 139.–

Leben im Naturgarten
Der Biogärtner und seine gesunde Umwelt. (4124) Von N. Jorek, 128 S., 68 s/w-Fotos, kart. **DM 14,80**/S 119.–

So wird mein Garten zum Biogarten
Alles über die Umstellung auf naturgemäßen Anbau. (0706) Von I. Gabriel, 128 S., durchgehend 4farbig, 73 Farbfotos, 54 Farbzeichnungen, kart.
DM 14,80/S 119.–

Gesunde Pflanzen im Biogarten
Biologische Maßnahmen bei Schädlingsbefall und Pflanzenkrankheiten. (0707) Von I. Gabriel, 128 S., durchgehend 4farbig, 126 Farbfotos, 12 Farbzeichnungen, kart. **DM 14,80**/S 119.–

Der Biogarten unter Glas und Folie
Ganzjährig erfolgreich ernten. (0722) Von I. Gabriel, 128 S., durchgehend 4farbig, 62 Farbfotos, 45 Farbzeichnungen, kart. **DM 14,80**/S 119.–

Obst und Beeren im Biogarten
Gesunde und scmackhafte Früchte durch natürlichen Anbau. (0780) Von I. Gabriel 128 S., 38 Farbfotos, 71 Farbzeichungen kart. **DM 14,80**/S 119.–

Neuanlage eines Biogartens
Planung, Bodenvorbeitung, Gestaltung. (0721) Von I. Gabriel, 128 S., durchgehend 4farbig, 73 Farbfotos, 39 Zeichnungen, kart. **DM 14,80**/S 119,–

Der biologische Zier- und Wohngarten
Planen, Vorbereiten, Bepflanzen und Pflegen. (0748) Von I. Gabriel, 128 S., 72 Farbfotos, 46 Farbzeichnungen, kart. **DM 14,80**/S 119,–

Das Bio-Gartenjahr
Arbeitsplan für naturgemäßes Gärtnern. (4169) Von N. Jorek, 128 S., 8 Farbtafeln, 70 s/w-Abb. kart. **DM 14,80**/S 119,–

Selbstversorgung aus dem eigenen Anbau
Reichen Erntesegen verwerten und haltbar machen. (4182) Von M. Bustorf-Hirsch, M. Hirsch, 216 S., 270 Zeichnungen, Pappband. **DM 29,80**/S 239,–

Mischkultur im Nutzgarten
Mit Jahreskalender und Anbauplänen. (0651) Von H. Oppel, 112 S., 8 Farbtafeln, 23 s/w-Fotos, 29 Zeichnungen, kart. **DM 9,80**/S 79,–

Erfolgstips für den Gemüsegarten
Mit naturgemäßem Anbau zu höherem Ertrag. (0674) Von F. Mühl, 80 S., 30 s/w-Fotos, 4 Zeichnungen, kart. **DM 7,80**/ S 69,–

Der erfolgreiche Obstgarten
Pflanzung · Veredelung und Schnitt. (5100) Von J. Zech, 64 S., 54 Farbfotos, Pappband. **DM 14,80**/S 119,–

Gemüse, Kräuter, Obst aus dem Balkongarten
– Erfolgreich ernten auf kleinstem Raum. (0694) Von S. Stein, 32 S., 34 Farbfotos, 6 Zeichnungen, Spiralbindung, kart., **DM 7,80**/S 69,–

Keime, Sprossen, Küchenkräuter
am Fenster ziehen – rund ums Jahr. (0658) Von F. und H. Jantzen, 32 S., 55 Farbfotos, Spiralbindung, kart. **DM 6,80**/S 59,–

Balkons in Blütenpracht
zu allen Jahreszeiten. (5047) Von N. Uhl, 64 S., 80 Farbfotos, Pappband. **DM 14,80**/S 119,–

Kübelpflanzen
für Balkon, Terrasse und Dachgarten. (5132) Von M. Haberer, 64 S., 70 Farbfotos, Pappband. **DM 14,80**/S 119,–

Kletterpflanzen
Rankende Begrünung für Fassade, Balkon und Garten. (5140) Von M. Haberer, 64 S., 70 Farbabb., 2 Zeichnungen, Pappband. **DM 14,80**/S 119,–

Mein Kräutergarten rund ums Jahr
Täglich schnittfrisch und gesund würzen. (4192) Von Prof. Dr. G. Lysek, 136 S., 15 Farbtafeln, 91 Zeichnungen, kart. **DM 16,80**/S 139,–

Blühende Zimmerpflanzen
94 Arten mit Pflegeanleitungen. (5010) Von R. Blaich, 64 S., 107 Farbfotos, Pappband. **DM 14,80**/S 119,–

Falken-Handbuch **Zimmerpflanzen**
1600 Pflanzenporträts. (4082) Von R. Blaich, 432 S., 480 Farbfotos, 84 Zeichnungen, 1600 Pflanzenbeschreibungen, Pappband. **DM 39,–**/S 319,–

Blütenpracht in Grolit 2000
Der neue, mühelose Weg zu farbenprächtigen Zimmerpflanzen. (5127) Von G. Vocke, 64 S., 50 Farbfotos, Pappband. **DM 14,80**/S 119,–

Bonsai
Japanische Miniaturbäume und Miniaturlandschaften. Anzucht, Gestaltung und Pflege. (4091) Von B. Lesniewicz, 160 S., 106 Farbfotos, 46 s/w-Fotos, 115 Zeichnungen, gebunden. **DM 68,–**/S 549,–

Zimmerbäume, Palmen und andere Blattpflanzen
Standort, Pflege, Vermehrung, Schädlinge. (5111) Von G. Schoser, 96 S., 98 Farbfotos, 7 Zeichnungen, Pappband. **DM 19,80**/S 159,–

Biologisch zimmergärtnern
Zier- und Nutzpflanzen natürlich pflegen. (4144) Von N. Jorek, 152 S., 15 Farbtafeln, 120 s/w-Fotos, Pappband. **DM 19,80**/S 159,–

Hydrokultur
Pflanzen ohne Erde – mühelos gepflegt. (4080) Von H.-A. Rotter, 120 S., 82 Abb., Pappband. **DM 19,80**/S 159,–

Zimmerpflanzen in Hydrokultur
Leitfaden für problemlose Blumenpflege. (0660) Von H.-A. Rotter, 32 S., 76 Farbfotos, 8 farbige Zeichnungen, Pappband, **DM 7,80**/S 69,–

Sukkulenten
Mittagsblumen, Lebende Steine, Wolfsmilchgewächse u. a. (5070) Von W. Hoffmann, 64 S., 82 Farbfotos, Pappband. **DM 14,80**/S 119,–

Kakteen und andere Sukkulenten
300 Arten mit über 500 Farbfotos. (4116) Von G. Andersohn, 316 S., 520 Farbfotos, 193 Zeichnungen, Papband. **DM 49,–**/S 398,–

Fibel für Kakteenfreunde
(0199) Von H. Herold, 102 S., 23 Farbfotos, 37 s/w-Abb., kart. **DM 7,80**/S 69,–

Kakteen
Herkunft, Anzucht, Pflege, Arten. (5021) Von W. Hoffmann, 64 S., 70 Farbfotos, Pappband. **DM 14,80**/S 119,–

Faszinierende Formen und Farben
Kakteen
(4211) Von K. und F. Schild, 96 S., 127 Farbfotos, Pappband. **DM 24,80**/S 198,–

Orchideen
(4215) Von G. Schoser, 96 S., 143 Farbfotos, Pappband. **DM 24,80**/S 198,–

Falken-Handbuch **Orchideen**
Lebensraum, Kultur, Anzucht und Pflege. (4231) Von G. Schoser, 144 S., 121 Farbfotos, 28 Farbzeichnungen, Pappband. **DM 29,80**/S 239,–

Falken-Handbuch **Katzen**
(4158) Von B. Gerber, 176 S., 294 Farb- und 88 s/w-Fotos, Pappband. **DM 39,–**/S 319,–

Katzen
Rassen · Haltung · Pflege. (4216) Von B. Eilert-Overbeck, 96 S., 82 Farbfotos, Pappband. **DM 24,80**/S 198,–

Das neue Katzenbuch
Rassen – Aufzucht – Pflege. (0427) Von B. Eilert-Overbeck, 136 S., 14 Farbfotos, 26 s/w-Fotos, kart. **DM 8,80**/S 74,–

Lieblinge auf Samtpfötchen **Katzen**
(2202) Von B. Eilert-Overbeck, 80 S., 53 Farbfotos, 5 s/w-Fotos, 1 Zeichnungen, Pappband. **DM 9,80**/S 85,–

Katzenkrankheiten
Erkennung und Behandlung. Steuerung des Sexualverhaltens. (0652) Von Dr. med. vet. R. Spangenberg, 176 S., 64 s/w-Fotos, 4 Zeichnungen, kart. **DM 9,80**/S 79,–

Falken-Handbuch **Hunde**
(4118) Von H. Bielfeld, 176 S., 222 Farbfotos und Farbzeichnungen, 73 s/w-Abb., Pappband. **DM 39,–**/S 319,–

Hunde
Die treuen Freunde des Menschen (2207) Von R. Spangenberg, 80 S., 49 Farbfotos und Zeichnungen, Pappband. **DM 9,80**/S 85,–

Hunde
Rassen · Erziehung · Haltung. (4209) Von H. Bielfeld, 96 S., 101 Farbfotos, Pappband. **DM 24,80**/S 198,–

Das neue Hundebuch
Rassen · Aufzucht · Pflege. (0009) Von W. Busack, überarbeitet von Dr. med. vet. A. H. Hacker und H. Bielfeld, 112 S., 8 Farbtafeln, 27 s/w-Fotos, 6 Zeichnungen, kart. **DM 8,80**/S 74,–

Falken-Handbuch
Der Deutsche Schäferhund
(4077) Von U. Förster, 228 S., 160 Abb., Pappband. **DM 29,80**/S 239,–

Der Deutsche Schäferhund
Aufzucht, Pflege und Ausbildung. (0073) Von A. Hacker, 104 S., 56 Abb., kart. **DM 7,80**/S 69,–

Dackel, Teckel, Dachshund
Aufzucht · Pflege · Ausbildung. (0508) Von M. Wein-Gysae, 112 S., 4 Farbtafeln, 43 s/w-Fotos, 2 Zeichnungen, kart. **DM 9,80**/S 79,–

Hundeausbildung
Verhalten – Gehorsam – Abrichtung. (0346) Von Prof. Dr. R. Menzel, 96 S., 18 Fotos, kart. **DM 7,80**/S 69,–

Hundekrankheiten
Erkennung und Behandlung, Steuerung des Sexualverhaltens. (0570) Von Dr. med. vet. R. Spangenberg, 128 S., 68 s/w-Fotos, 10 Zeichnungen, kart. **DM 9,80**/S 79,–

Falken-Handbuch **Pferde**
(4186) Von H. Werner, 176 S., 196 Farb- und 50 s/w-Fotos, 100 Zeichnungen, Pappband. **DM 48,–**/S 389,–

Ponys
Rassen, Haltung, Reiten. (4205) Von S. Braun, 96 S., 84 Farbfotos, Pappband. **DM 24,80**/S 198,–

Schmetterlinge
Tagfalter Miteleuropas erkennen und benennen. (0510) Von T. Ruckstuhl, 156 S., 136 Farbfotos, kart. **DM 16,80**/S 139,–

Wellensittiche
Arten · Haltung · Pflege · Sprechunterricht · Zucht. (5136) Von H. Bielfeld, 64 S., 59 Farbfotos, Pappband. **DM 14,80**/S 119,–

Papageien und Sittiche
Arten · Pflege · Sprechunterricht. (0591) Von H. Bielfeld, 112 S., 8 Farbtafeln, kart. **DM 9,80**/S 79,–

Geflügelhaltung als Hobby
(0749) Von M. Baumeister, H. Meyer, 184 S., 8 Farbtafeln, 47 s/w-Fotos, 15 Zeichnungen, kart. **DM 16,80**/S 139,–

Falken-Handbuch **Das Terrarium**
(4069) Von B. Kahl, P. Gaupp, Dr. G. Schmidt, 336 S., 215 Farbfotos, geb. **DM 58,–**/S 460,–

Das Süßwasser-Aquarium
Einrichtung · Pflege · Fische · Pflanzen. (0153) Von H. J. Mayland, 152 S., 16 Farbtafeln, 43 s/w-Zeichnungen, kart. **DM 12,80**/S 99,–

Falken-Handbuch
Süßwasser-Aquarium
(4191) Von H. J. Mayland, 288 S., 564 Farbfotos, 75 Zeichnungen, Pappband. **DM 49,–**/S 398,–

Cichliden
Pflege, Herkunft und Nachzucht der wichtigsten Buntbarscharten. (5144) Von Jo in't Veen, 96 S., 163 Farbfotos, Pappband. **DM 19,80**/S 159,–

Gesundheit

Die Frau als Hausärztin
Der unentgeltliche Ratgeber für die Gesundheit. (4072) Von Dr. med. A. Fischer-Dückelmann, 808 S., 14 Farbtafeln, 146 s/w-Fotos, 203 Zeichnungen, Pappband. **DM 29,80**/S 239,–

Heiltees und Kräuter für die Gesundheit
(4123) Von G. Leibold, 136 S., 15 Farbtafeln, 16 Zeichnungen, kart. **DM 14,80**/S 119.–

Falken-Handbuch
Heilkräuter
Modernes Lexikon der Pflanzen und Anwendungen (4076) Von G. Leibold, 392 S., 183 Farbfotos, 22 Zeichnungen, geb. **DM 39,–**/S 319.–

Die farbige Kräuterfibel
Heil- und Gewürzpflanzen. (0245) Von I. Gabriel, 196 S., 49 farbige und 97 s/w-Abb., kart. **DM 14,80**/ S 119.–

Arzneikräuter und Wildgemüse
erkennen und benennen. (0459) Von J. Raithelhuber, 144 S., 108 Farbfotos, 31 Zeichnungen, kart. **DM 16,80**/S 139.–

Falken-Handbuch
Bio-Medizin
Alles über die moderne Naturheilpraxis. (4136) Von G. Leibold, 552 S., 38 Farbfotos, 232 s/w-Abb., Pappband. **DM 39,–**/ S 319.–

Enzyme
(0677) Von G. Leibold, 96 S., kart. **DM 9,80**/S 79.–

Heilfasten
(0713) Von G. Leibold, 108 S., kart. **DM 9,80**/S 79.–

So lebt man länger nach Dr. Le Comptes Erfolgsmethode!
Vital und gesund bis ins hohe Alter. (4129) Von Dr. H. Le Compte, P. Pervenche, 224 S., gebunden. **DM 24,80**/S 198.–

Gesundheit und Spannkraft durch Yoga
(0321) Von L. Frank und U. Ebbers, 112 S., 50 s/w-Fotos, kart. **DM 7,80**/S 69.–

Yoga für jeden
(0341) Von K. Zebroff, 156 S., 135 Abb., Spiralbindung, **DM 20,–**/S 160.–

Yoga für Schwangere
Der Weg zur sanften Geburt. (0777) Von V. Bolesta-Hahn, 108 S., 76 2-farbige Abb. **DM 12,80**/S 99,–

Yoga gegen Haltungsschäden und Rückenschmerzen
(0394) Von A. Raab, 104 S., 215 Abb., kart. **DM 6,80**/S 59.–

Hypnose und Autosuggestion
Methoden – Heilwirkungen – praktische Beispiele. (0483) Von G. Leibold, 116 S., kart. **DM 7,80**/S 69.–

Autogenes Training
Anwendung · Heilwirkungen · Methoden. (0541) Von R. Faller, 128 S., 3 Zeichnungen, kart. **DM 9,80**/S 79.–

Die fernöstliche Fingerdrucktherapie Shiatsu
Anleitungen zur Selbsthilfe – Heilwirkungen. (0615) Von G. Leibold, 196 S., 180 Abb., kart. **DM 16,80**/S 139.–

Eigenbehandlung durch Akupressur
Heilwirkungen – Energielehre – Meridiane. (0417) Von G. Leibold, 152 S., 78 Abb., kart. **DM 9,80**/S 79.–

Bauch, Taille und Hüfte gezielt formen durch **Aktiv Yoga**
(0709) Von K. Zebroff, 112 S., 102 Farbfotos, Spiralbindung, **DM 14,80**/S 119,–

10 Minuten täglich Tele-Gymnastik
(5102) Von B. Manz und K. Biermann, 128 S., 381 Abb., kart. **DM 14,80**/S 119.–

Gesund und fit durch Gymnastik
(0366) Von H. Pilss-Samek, 132 S., 150 Abb., kart. **DM 9,80**/S 79.–

Stretching
Mit Dehnungsgymnastik zu Entspannung, Geschmeidigkeit und Wohlbefinden. (0717) Von H. Schulz, 80 S., 90 s/w-Fotos, kart. **DM 7,80**/S 69.–

Schönheitspflege
Kosmetische Tips für jeden Tag. (0493) Von H. Zander, 80 S., 25 Abb., kart. **DM 7,80**/S 69.–

Natur-Apotheke
Gesundheit durch altbewährte Kräuterrezepte und Hausmittel. (4156) Von G. Leibold, 236 S., 8 Farbtafeln, 100 Zeichnungen, kart., **DM 19,80**/S 159.–
(4157) Pappband, **29,80**/S 239.–

Bildatlas des menschlichen Körpers
(4177) Von G. Pogliani, V. Vannini, 112 S. 402 Farbabb., 28 s/w-Fotos, Pappband, **DM 29,80**/S 239.–

Fußmassage
Reflexzonentherapie am Fuß (0714) Von G. Leibold, 96 S., 38 Zeichnungen, kart. **DM 9,80**/S 79.–

Rheuma und Gicht
Krankheitsbilder, Behandlung, Therapieverfahren, Selbstbehandlung, richtige Lebensführung und Ernährung. (0712) Von Dr. J. Höder, J. Bandick, 104 S., kart **DM 9,80**/S 79.–

Krampfadern
Ursachen, Vorbeugung, Selbstbehandlung, Therapieverfahren. (0727) Von Dr. med. K. Steffens, 96 S., 38 Abb., kart. **DM 9,80**/S 79.–

Gallenleiden
Krankheitsbilder, Behandlung, Therapieverfahren, Selbstbehandlung, Richtige Lebensführung und Ernährung. (0673) Von Dr. med. K. Steffens, 104 S., 34 Zeichnungen, kart. **DM 9,80**/S 79,–

Asthma
Pseudokrupp, Bronchitis und Lungenemphysem. (0778) Von Prof. Dr. med. W. Schmidt, 120 S., 56 Zeichnungen, kart. **DM 9,80**/S 79,–

Vitamine und Ballaststoffe
So ermittle ich meinen täglichen Bedarf (0746) Von Prof. Dr. M. Wagner, I. Bongartz, 96 S., 6 Farbabb., zahlreiche Tabellen, kart. **DM 9,80**/S 79,–

Darmleiden
Krankheitsbilder, Behandlung, Selbstbehandlung, Richtige Lebensführung und Ernährung. (0798) Von Dr. med. K. Steffens, 112 S., 46 Zeichnungen, kart. **DM 9,80**/S 79,–

Massage
(0750) Von B. Rumpler, K. Schutt, 112 S. 116 2-farbige Zeichnungen, kart. **DM 12,80**/S 99,–

Ratgeber Aids
Entstehung, Ansteckung, Krankheitsbilde Heilungschancen, Schutzmaßnahmen. (0803) Von B. Baartman, Vorwort von Dr. med. H. Jäger, 112 S., 8 Fabrtafeln, 4 Grafiken, kart. **DM 16,80**/S 139,–

Wenn Kinder krank werden
Medizinischer Ratgeber für Eltern. (4240) Von Dr. med. I. J. Chasnoff, B. Nees-Delaval, 232 S., 163 Zeichnungen, Pappband. **DM 29,80**/S 239,–

FALKEN VERLAG

Ratgeber Lebenshilfe

Umgangsformen heute
Die Empfehlungen des Fachausschusses für Umgangsformen. (4015) 282 S., 160 s/w-Fotos, 25 Zeichnungen, Pappband. **DM 29,80**/S 239.–

Der gute Ton
Ein moderner Knigge. (0063) Von I. Wolter, 168 S., 38 Zeichnungen, 53 s/w-Fotos, kart. **DM 9,80**/S 79.–

Haushaltstips von A bis Z
(0759) Von A. Eder, 80 S., 30 Zeichnungen, kart. **DM 7,80**/S 69,–

Wir heiraten
Ratgeber zur Vorbereitung und Festgestaltung der Verlobung und Hochzeit. (4188) Von C. Poensgen, 216 S., 8 s/w-Fotos, 30 s/w-Zeichnungen, 8 Farbtafeln, Pappband. **DM 19,80**/S 159,–

Kleines Dankeschön für die charmante
Gastgeberin
(2218) Von S. Gräfin Schönfeldt, 80 S., 46 Farbabb., Pappband. **DM 9,80**/S 85,–

Die Kunst der freien Rede
Ein Intensivkurs mit vielen Übungen, Beispielen und Lösungen. (4189) Von G. Hirsch, 232 S., 11 Zeichnungen, Pappband. **DM 29,80**/S 239,–

Reden zur Taufe, Kommunion und Konfirmation
(0751) Von G. Georg, 96 S., kart. **DM 6,80**/S 59,–

Der richtige Brief zu jedem Anlaß
Das moderne Handbuch mit 400 Musterbriefen. (4179) Von H. Kirst, 376 S., Pappband. **DM 26,80**/S 218,–

Von der Verlobung zur Goldenen Hochzeit
(0393) Von E. Ruge, 120 S., kart. **DM 6,80**/S 59.–

Reden zur Hochzeit
Musteransprachen für Hochzeitstage. (0654) Von G. Georg, 112 S., kart. **DM 6,80**/S 59.–

Glückwünsche, Toasts und Festreden zur Hochzeit.
(0264) Von I. Wolter, 128 S., 18 Zeichnungen, kart. **DM 7,80**/S 69.–

Hochzeits- und Bierzeitungen
Muster, Tips und Anregungen. (0288) Von H.-J. Winkler, mit vielen Text- und Gestaltungsanregungen, 116 S., 15 Abb., 1 Musterzeitung, kart. **DM 6,80**/ S 59.–

Kindergedichte zur Grünen, Silbernen und Goldenen Hochzeit
(0318) Von H.-J. Winkler, 104 S., 20 Abb., kart. **DM 5,80**/S 49.–

Die Silberhochzeit
Vorbereitung · Einladung · Geschenkvorschläge · Dekoration · Festablauf · Menüs · Reden · Glückwünsche. (0542) Von K. F. Merkle, 120 S., 41 Zeichnungen, kart. **DM 9,80**/S 79.–

Großes Buch der Glückwünsche
(0255) Hrsg. von O. Fuhrmann, 240 S., 77 Zeichnungen und viele Gestaltungsvorschläge, kart. **DM 9,80**/S 79.–

Neue Glückwunschfibel
für Groß und Klein. (0156) Von R. Christian-Hildebrandt, 96 S., kart. **DM 4,80**/S 39.–

Glückwunschverse für Kinder
(0277) Von B. Ulrici, 80 S., kart. **DM 5,80**/S 49.–

Die Redekunst
Rhetorik · Rednererfolg (0076) Von K. Wolter, überarbeitet von Dr. W. Tappe, 80 S., kart. **DM 5,80**/S 49.–

Reden und Ansprachen
für jeden Anlaß. (4009) Hrsg. von F. Sicker, 454 S., gebunden. **DM 39,–**/S 319.–

Reden zum Jubiläum
Musteransprachen für viele Gelegenheiten (0595) Von G. Georg, 112 S., kart. **DM 6,80**/S 59.–

Reden zum Ruhestand
Musteransprachen zum Anschluß des Berufslebens (0790) Von G. Georg, 104 S., kart. **DM 7,80**/S 69,–

Reden und Sprüche zu Grundsteinlegung, Richtfest und Einzug
(0598) Von A. Bruder, G. Georg, 96 S., kart. **DM 6,80**/S 59.–

Reden zu Familienfesten
Musteransprachen für viele Gelegenheiten. (0675) Von G. Georg, 108 S., kart. **DM 6,80**/S 59.–

Reden zum Geburtstag
Musteransprachen für familiäre und offizielle Anläße. (0773) Von G. Georg, 104 S., kart. **DM 7,80**/S 69,–

Festreden und Vereinsreden
Ansprachen für festliche Gelegenheiten. (0069) Von K. Lehnhoff, E. Ruge, 88 S., kart. **DM 5,80**/S 49.–

Reden im Verein
Musteransprachen für viele Gelegenheiten. (0703) Von G. Georg, 112 S., kart., **DM 6,80**/S 59.–

Trinksprüche
Fest- und Damenreden in Reimen. (0791) Von L. Metzner, 88 S., 14 s/w-Zeichnungen, kart. **DM 7,80**/S 68,–

Trinksprüche, Richtsprüche, Gästebuchverse
(0224) Von D. Kellermann, 80 S., kart. **DM 5,80**/S 49.–

Ins Gästebuch geschrieben
(0576) Von K. H. Trabeck, 96 S., 24 Zeichnungen, kart. **DM 7,80**/S 69.–

Poesiealbumverse
Heiteres und Besinnliches. (0578) Von A. Göttling, 112 S., 20 Zeichnungen, Pappband. **DM 14,80**/S 119.–

Verse fürs Poesiealbum
(0241) Von I. Wolter, 96 S., 20 Abb., kart. **DM 5,80**/S 49.–

Rosen, Tulpen, Nelken . . .
Beliebte Verse fürs Poesiealbum
(0431) Von W. Pröve, 96 S., 11 Faksimile-Abb., kart. **DM 5,80**/S 49.–

Der Verseschmied
Kleiner Leitfaden für Hobbydichter. Mit Reimlexikon. (0597) Von T. Parisius, 96 S., 28 Zeichnungen, kart. **DM 7,80**/S 69.–

Was wäre das Leben ohne Hoffnung
Trostreiche Worte
(2224) Hrsg. E. Heinold, 80 S., 23 Farbfotos, Pappband. **DM 9,80**/S 85,–

Moderne Korrespondenz
Handbuch für erfolgreiche Briefe. (4014) Von H. Kirst und W. Manekeller, 544 S., gebunden. **DM 39,–**/S 319.–

Der neue Briefsteller
Musterbriefe für alle Gelegenheiten. (0060) Von I. Wolter-Rosendorf, 112 S., kart. **DM 5,80**/S 49.–

Geschäftliche Briefe
des Privatmanns, Handwerkers, Kaufmanns. (0041) Von A. Römer, 120 S., kart. **DM 6,80**/S 59.–

Behördenkorrespondenz
Musterbriefe – Anträge – Einsprüche. (0412) Von E. Ruge, 120 S., kart. **DM 7,80**/S 69.–

Musterbriefe
für alle Gelegenheiten. (0231) Hrsg. von O. Fuhrmann, 240 S., kart. **DM 9,80**/S 79.–

Privatbriefe
Muster für alle Gelegenheiten. (0114) Von I. Wolter-Rosendorf, 132 S., kart. **DM 6,80**/S 59.–

Erfolgstips für den Schriftverkehr
Briefwechsel leicht gemacht durch einfachen Stil und klaren Ausdruck (0678) Von J. Werbellin, 120 S., kart. **DM 8,80**/S 74.–

Worte und Briefe der Anteilnahme
(0464) Von E. Ruge, 128 S., mit vielen Abb., kart. **DM 9,80**/S 79.–

Reden in Trauerfällen
Musteransprachen für Beerdigungen und Trauerfeiern (0736) Von G. Georg, 104 S., kart. **DM 6,80**/S 59,–

Lebenslauf und Bewerbung
Beispiele für Inhalt, Form und Aufbau. (0428) Von H. Friedrich, 112 S., kart. **DM 6,80**/S 59.–

Erfolgreiche Bewerbungsbriefe und Bewerbungsformen.
(0138) Von W. Manekeller, 88 S., kart. **DM 5,80**/S 49.–

Die erfolgreiche Bewerbung
Bewerbung und Vorstellung. (0173) Von W. Manekeller, 156 S., kart. **DM 9,80**/S 79.–

Die Bewerbung
Der moderne Ratgeber für Bewerbungsbriefe, Lebenslauf und Vorstellungsgespräche. (4138) Von W. Manekeller, 264 S., Pappband. **DM 19,80**/S 159.–

Vorstellungsgespräche
sicher und erfolgreich führen. (0636) Von H. Friedrich, 144 S., kart. **DM 9,80**/S 79.–

Keine Angst vor Einstellungstests
Ein Ratgeber für Bewerber. (0793) Von Ch. Titze, 120 S., 67 Zeichnungen, kart. **DM 9,80**/S 79,–

Zeugnisse im Beruf
richtig schreiben, richtig verstehen. (0544) Von H. Friedrich, 112 S., kart. **DM 9,80**/S 79.–

In Anerkennung Ihrer . . . ,
Lob und Würdigung in Briefen und Reden.
(0535) Von H. Friedrich, 136 S., kart. **DM 9,80**/S 79.–

Erfolgreiche Kaufmannspraxis
Wirtschaftliche Grundlagen, Geld, Kreditwesen, Steuern, Betriebsführung, Recht, EDV. (4046) Von W. Göhler, H. Gölz, M. Heibel, Dr. D. Machenheimer, 544 S., gebunden. **DM 39,–**/S 319.–

Der Rechtsberater im Haus
(4048) Von K.-H. Hofmeister, 528 S., gebunden. **DM 39,–**/S 319.–

Arbeitsrecht
Praktischer Ratgeber für Arbeitnehmer und Arbeitgeber. (0594) Von J. Beuthner, 192 S., kart. **DM 16,80**/S 139.–

Mietrecht
Leitfaden für Mieter und Vermieter. (0479) Von J. Beuthner, 196 S., kart. **DM 14,80**/S 119.–

Familienrecht
Ehe – Scheidung – Unterhalt. (4190) Von T. Drewes, R. Hollender, 368 S., Pappband. **DM 29,80**/S 239,–

Scheidung und Unterhalt
nach dem neuen Eherecht. (0403) Von Rechtsanwalt H. T. Drewes, 112 S., mit Kosten- und Unterhaltstabellen, kart.
DM 7,80/S 69.–

Testament und Erbschaft
Erbfolge, Rechte und Pflichten der Erben, Erbschafts- und Schenkungssteuer, Mustertestamente. (4139) Von T. Drewes, R. Hollender, 304 S., Pappband.
DM 26,80/S 218.–

Erbrecht und Testament
Mit Erläuterungen des Erbschaftssteuergesetzes von 1974. (0046) Von Dr. jur. H. Wandrey, 124 S., kart. **DM 6,80**/S 59.–

Endlich 18 und nun?
Rechte und Pflichten mit der Volljährigkeit. (0646) Von R. Rathgeber, 224 S., 27 Zeichnungen, kart. **DM 14,80**/S 119.–

Was heißt hier minderjährig?
(0765) Von R. Rathgeber, C. Rummel, 148 S., 50 Fotos, 25 Zeichnungen, kart.
DM 14,80/S 119.–

So finde ich einen Ausbildungsplatz
(0715) Von H. Friedrich, 136 S., kart.
DM 9,80/S 79.–

Elternsache Grundschule
(0692) Hrsg. von K. Meynersen, 324 S., kart. **DM 26,80**/S 218.–

Sexualberatung
(0402) Von Dr. M. Röhl, 168 S., 8 Farbtafeln, 17 Zeichnungen, Pappband.
DM 19,80/S 159.–

Die Kunst des Stillens
nach neuesten Erkenntnissen
(0701) Von Prof. Dr. med. E. Schmidt/S. Brunn, 112 S., 20 Fotos und Zeichnungen, kart. **DM 9,80**/S 79.–

Wenn Sie ein Kind bekommen
(4003) Von U. Klamroth, Dr. med. H. Oster, 240 S., 86 s/w-Fotos, 30 Zeichnungen, Pappband. **DM 24,80**/S 198.–

Vorbereitung auf die Geburt
Schwangerschaftsgymnastik, Atmung, Rückbildungsgymnastik. (0251) Von S. Buchholz, 112 S., 98 s/w-Fotos, kart.
DM 6,80/S 59.–

Wie soll es heißen?
(0211) Von D. Köhr, 136 S., kart.
DM 5,80/S 49.–

Das Babybuch
Pflege · Ernährung · Entwicklung. (0531) Von A. Burkert, 128 S., 16 Farbtafeln, 38 s/w-Fotos, 30 Zeichnungen, kart.
DM 12,80/ S 99.–

Mitmachen – die Umwelt retten!
Das Öko-Testbuch
Analysen und Experimente zur Eigeninitiative. (4160) Von M. Häfner, 400 Farbfotos, 137 farbige Zeichnungen, Pappband. **DM 39,–**/S 319.–

Die neue Lebenshilfe **Biorhytmik**
Höhen und Tiefen der persönlichen Lebenskurven vorausberechnen und danach handeln. (0458) Von W. A. Appel, 157 S., 63 Zeichnungen, Pappband.
DM 12,80/S 99.–

Vom Urkrümel zum Atompilz
Evolution – Ursache und Ausweg aus der Krise. (4181) Von Jürgen Voigt, 188 S., 20 Farb- und 70 s/w-Fotos, 32 Zeichnungen, kart. **DM 19,80**/S 159,–

Der Sklave Calvisius
Alltag in einer römischen Provinz 150 n. Chr. (4058) Von A. Ammermann, T. Röhrig, G. Schmidt, 120 S., 99 Farbabb., 47 s/w-Abb., Pappband.
DM 19,80/S 159.–

ZDF · ORF · DRS
Kompaß Jugend-Lexikon
(4096) Von R. Kerler, J. Blum, 336 S., 766 Farbfotos, 39 s/w-Abb., Pappband.
DM 39,–/S 319.–

Astrologie
Das Orakel der Sterne. (2211) Von B. A. Mertz, 80 S., 42 Farb- und 15 s/w-Fotos, Pappband. **DM 9,80**/S 85,–

Psycho-Tests
– Erkennen Sich sich selbst. (0710) Von B. M. Nash, R. B. Monchick, 304 S., 81 Zeichnungen, kart. **DM 16,80**/S 139,–

Falken-Handbuch **Astrologie**
Charakterkunde · Schicksal · Liebe und Beruf · Berechnung und Deutung von Horoskopen · Aszendenttabelle. (4068) Von B. A. Mertz, 342 S., mit 60 erläuternden Grafiken, gebunden.
DM 29,80/S 239.–

Selbst Wahrsagen mit Karten
Die Zukunft in Liebe, Beruf und Finanzen. (0404) Von R. Koch, 112 S., 252 Abb., Pappband. **DM 12,80**/S 99.–

Weissagen, Hellsehen, Kartenlegen . . .
Wie jeder die geheimen Kräfte ergründen und für sich nutzen kann. (4153) Von G. Haddenbach, 192 S., 40 Zeichnungen, Pappband. **DM 19,80**/S 159.–

Frauenträume, Männerträume
und ihre Bedeutung. (4198) Von G. Senger, 272 S., mit Traumlexikon, Pappband. **DM 29,80**/S 239,–

Wahrsagen mit Tarot-Karten
(0482) Von E. J. Nigg, 112 S., 4 Farbtafeln, 52 s/w-Fotos, Abb., Pappband.
DM 14,80/S 119.–

Aztekenhoroskop
Deutung von Liebe und Schicksal nach dem Aztekenkalender. (0543) Von C.-M. und R. Kerler, 160 S., 20 Zeichnungen, Pappband. **DM 9,80**/S 79.–

Was sagt uns das Horoskop?
Praktische Einführung in die Astrologie. (0655) Von B. A. Mertz, 176 S., 25 Zeichnungen, kart. **DM 9,80**/S 79.–

Das Super-Horoskop
Der neue Weg zur Deutung von Charakter, Liebe und Schicksal nach chinesischer und abendländischer Astrologie. (0465) Von G. Haddenbach, 175 S., kart.
DM 9,80/S 79.–

Liebeshoroskop für die 12 Sternzeichen
Alles über Chancen, Beziehungen, Erotik, Zärtlichkeit, Leidenschaft. (0587) Von G. Haddenbach, 144 S., 11 Zeichnungen, kart. **DM 7,80**/S 69.–

Die 12 Sternzeichen
Charakter, Liebe und Schicksal. (0385) Von G. Haddenbach, 160 S., Pappband.
DM 12,80/S 99.–

Die 12 Tierzeichen im chinesischen Horoskop
(0423) Von G. Haddenbach, 128 S., Pappband. **DM 9,80**/S 79.–

Sternstunden
für Liebe, Glück und Geld, Berufserfolg und Gesundheit. Das ganz persönliche Mitbringsel für Widder (0621), Stier (0622), Zwillinge (0623), Krebs (0624), Löwe (0625), Jungfrau (0626), Waage (0627), Skorpion (0628), Schütze (0629), Steinbock (0630), Wassermann (0631), Fische (0632) Von L. Cancer, 62 S., durchgehend farbig, Zeichnungen, Pappband. **DM 5,–**/S 39.–

So deutet man Träume
Die Bildersprache des Unbewußten. (0444) Von G. Haddenbach, 160 S., Pappband. **DM 9,80**/S 79,–

Die Famillie im Horoskop
Glück und Harmonie gemeinsam erleben – Probleme und Gegensätze verstehen und tolerieren. (4161) Von B. A. Mertz, 296 S., 40 Zeichnungen, kart.
DM 19,80/S 159,–

Erkennen Sie Psyche und Charakter durch **Handdeutung**
(4176) Von B. A. Mertz, 252 S., 9 s/w-Fotos, 160 Zeichnungen, Pappband.
DM 36,–/S 298,–

Falken-Handbuch
Kartenlegen
Wahrsagen mit Tarot-, Skat-, Lenormand und Zigeunerblättern. (4226) Von B. A. Mertz, 288 S., 38 Farb- und 108 s/w-Abb. Pappband.
DM 39,–/S 319,–

I Ging der Liebe
Das altchinesische Orakel für Partnerschaft und Ehe. (4244) Von G. Damian-Knight, 320 S., 64 s/w-Zeichnungen, Pappband. **DM 29,80**/S 239,–

Wenn die Schwalben niedrig fliegen
Bauernregeln
(2208) Von G. Haddenbach, 80 S., 52 Farbfotos, Pappband.
DM 9,80/S 85,–

Bauernregeln, Bauernweisheiten, Bauernsprüche
(4243) Von G. Haddenbach, 192 S., 62 Farbabb. 9 s/w-Fotos, 144 s/w-Zeichnungen, Pappband. **DM 29,80**/S 239,–

FALKEN VERLAG

Die Preise entsprechen dem Status beim Druck dies

Computer

Computer Grundwissen
Eine Einführung in Funktion und Einsatzmöglichkeiten. (4302) Von W. Bauer, 176 Seiten, 193 Farb- und 12 s/w-Fotos, 37 Computergrafiken, kart., **DM 29,80**/S 239.–
(4301) Pappband, **DM 39,–**/S 312.–

Einführung in die Programmiersprache BASIC. (4303) Von S. Curran und R. Curnow, 192 S., 92 Zeichnungen, Spiralbindung. **DM 19,80**/S 159.–

Lernen mit dem Computer. (4304) Von S. Curran und R. Curnow, 144 S., 34 Zeichnungen, Spiralbindung, **DM 19,80**/S 159.–

Computerspiele, Grafik und Musik (4305) Von S. Curran und R. Curnow, 147 S., 46 Zeichnungen, Spiralbindung. **DM 19,80**/S 159.–

dBase III
Einführung für Einsteiger und Nachschlagewerk für Profis. (4310) Von J. Brehm, G. A. Karl, 211 S., 23 Abb., kart. **DM 58,–**/S 460.–

Das Medienpaket
Buch und Programmdiskette „dBase III" zusammen (4312) **DM 98,–**/S 784,

Grundwissen Informationsverarbeitung
(4314) Von H. Schiro, 312 S., 59 s/w-Fotos, 133 s/w-Zeichnungen, Pappband. **DM 58,–**/S 460,–

Heimcomputer-Bastellkiste
Messen, Steuern, Regeln mit C 64-, Apple II-, MSX-, TANDY-, MC-, Atari- und Sinclair-Computern. (4309) Von G. A. Karl, 256 S., 160 Zeichnungen, kart. **DM 39,–**/S 319,–

Drucker und Platter
Text und Grafik für Ihren Computer. (4315) Von K.-H. Koch, 192 S., 12 Farbtafeln, 5 s/w-Fotos, kart. **DM 39,–**/S 319,–

Textverarbeitung mit Home- und Personal-Computern
Systeme – Vergleiche – Anwendungen. (4316) Von A. Görgens, 128 S., 49 s/w-Fotos, kart. **DM 29,80**/S 239,–

Lernhilfen

Deutsch für Ausländer im Selbstunterricht
Ausgabe für Jugoslawen
(0261) Von I. Hladek und E. Richter, 132 S., 62 Zeichnungen, kart. **DM 9,80**/S 79.–

Deutsch – Ihre neue Sprache.
Grundbuch (0327) Von H.-J. Demetz und J. M. Puente, 204 S., mit über 200 Abb., kart. **DM 14,80**/S 119.–

Glossar Italienisch
(0329) Von H.-J. Demetz und J. M. Puente, 74 S., kart. **DM 9,80**/S 79.–

In gleicher Ausstattung:
Glossar Spanisch (0330) **DM 9,80**/S 79.–
Glossar Serbokroatisch (0331) **DM 9,80**/S 79.–
Glossar Türkisch (0332) **DM 9,80**/S 79.–
Glossar Arabisch (0335) **DM 9,80**/S 79.–
Glossar Französisch (0337) **DM 9,80**/S 79.–

Das Deutschbuch
Ein Sprachprogramm für Ausländer, Erwachsene und Jugendliche.
Autorenteam: J. M. Puente, H.-J. Demetz, S. Sargut, M. Spohner.

Grundbuch Jugendliche
(4915) Von Puente, Demetz, Sargut, Spohner, Hirschberger, Kersten, von Stolzenwaldt, 256 S., durchgehend zweifarbig, kart. **DM 19,80**/S 159.–

Grundbuch Erwachsene
(4901) Von Puente, Demetz, Sargut, Spohner, 292 S., durchgehend zweifarbig, kart. **DM 24,80**/S 198.–

Arbeitsheft
zu Grundbuch Erwachsene und Jugendliche. (4903) Von Puente, Demetz, Sargut, Spohner, 160 S., durchgehend zweifarbig, kart. **DM 16,80**/S 139.–

Aufbaukurs
(4902) Von Puente, Sargut, Spohner, 232 S., durchgehend zweifarbig, kart. **DM 22,80**/S 182.–

Lehrerhandbuch Grundbuch Erwachsene
(4904) 144 S., kart. **DM 14,80**/S 119.–

Lehrerhandbuch Grundbuch Jugendliche
(4929) 120 S., kart. **DM 14,80**/S 119.–

Lehrerhandbuch Aufbaukurs
(4930) 64 S., kart. **DM 9,80**/S 79.–

Glossare Erwachsene:
Türkisch
(4906) 100 S., kart. **DM 9,80**/S 79.–
Englisch
(4912) 100 S., kart. **DM 9,80**/S 79.–
Französisch
(4911) 104 S., kart. **DM 9,80**/S 79.–
Spanisch
(4909) 98 S., kart. **DM 9,80**/S 79.–
Italienisch
(4908) 100 S., kart. **DM 9,80**/S 79.–
Serbokroatisch
(4914) 100 S., kart. **DM 9,80**/S 79.–
Griechisch
(4907) 102 S., kart. **DM 9,80**/S 79.–
Portugiesisch
(4910) 100 S., kart. **DM 9,80**/S 79.–
Polnisch
(4913) 102 S., kart. **DM 9,80**/S 79.–
Arabisch
(4905) 100 S., kart. **DM 9,80**/S 79.–

Glossare Jugendliche:
Türkisch
(4927) 104 S., kart. **DM 9,80**/S 79.–
Italienisch
(4932) Von A. Baumgartner, 104 S., kart. **DM 9,80**/S 79.–
Spanisch
(4933) Von M. Weidemann, 104 S., kart. **DM 9,80**/S 79.–
Serbokroatisch
(4934) Von M. Vuckovic, 104 S., kart. **DM 9,80**/S 79.–
Griechisch
(4936) Von Dr. G. Tzounakis, 112 S., kart. **DM 9,80**/S 79.–

Tonband Grundbuch Erwachsene
(4916) Ø 18 cm. **DM 125,–**/S 1.000.–
Tonband Grundbuch Jugendliche
(4917) Ø 18 cm. **DM 125,–**/S 1.000.–
Tonband Aufbaukurs
(4918) Ø 18 cm. **DM 125,–**/S 1.000.–
Tonband Arbeitsheft
(4919) Ø 18 cm. **DM 89,–**/S 712.–
Kassetten Grundbuch Erwachsene
(4920) 2 Stück à 90 Min. Laufzeit. **DM 39,–**/S 319.–
Kassetten Grundbuch Jugendliche
(4921) 2 Stück à 90 Min. Laufzeit. **DM 39,–**/S 319.–
Kassetten Aufbaukurs
(4922) 2 Stück à 90 Min. Laufzeit. **DM 39,–**/S 319.–
Kassette Arbeitsheft Grundbuch
(4923) 60 Min. Laufzeit. **DM 19,80**/S 159.–
Overheadfolie Grundbuch Erwachsene
(4924) 60 Stück **DM 159,–**/S 1.270.–
Overheadfolien Grundbuch Jugendliche
(4925) 59 Stück. **DM 159,–**/S 1.270.–
Overheadfolien Aufbaukurs
(4931) 54 Stück. **DM 159,–**/S 1.270.–
Diapositive Grundbuch Erwachsene
(4926) 300 Stück. **DM 398,–**/S 3.184.–
Bildkarten
zum Grundbuch Jugendliche und Erwachsene. (4928) 200 Stück. **DM 159,–**/S 1.270.–

Arbeitshefte für ausländische Jugendliche in der Berufsvorbereitung
Fachsprache im projektorientierten/fachübergreifenden Unterricht Metall 1
(4937) Von S. Sargut, M. Spohner, 96 S., 30 Farbfotos, 30 Zeichnungen, kart. **DM 14,80**/S 119.–

Maschinenschreiben für Kinder
(0274) Von H. Kaus, 48 S., farbige Abb., kart. **DM 5,80**/S 49,–

So lernt man leicht und schnell
Maschinenschreiben
Lehrbuch für Selbstunterricht und Kurse. (0568) Von J. W. Wagner, 112 S., 31 s/w-Fotos, 36 Zeichnungen, kart. **DM 19,80**/ S 159.–

Maschinenschreiben durch Selbstunterricht
(0170) Von A. Fonfara, 84 S., kart. **DM 5,80**/S 49.–

Stenografie leicht gelernt
im Kursus oder Selbstunterricht. (0266) Von H. Kaus, 64 S., kart. **DM 6,80**/S 59.–

Buchführung
leicht gefaßt. Ein Leitfaden für Handwerker und Gewerbetreibende. (0127) Von R. Pohl. 104 S., kart. **DM 7,80**/S 69.–

Buchführung leicht gemacht
Ein methodischer Grundkurs für den Selbstunterricht. (4238) Von D. Machenheimer, R. Kersten, 252 S., Pappband. **DM 26,80**/S 218,–

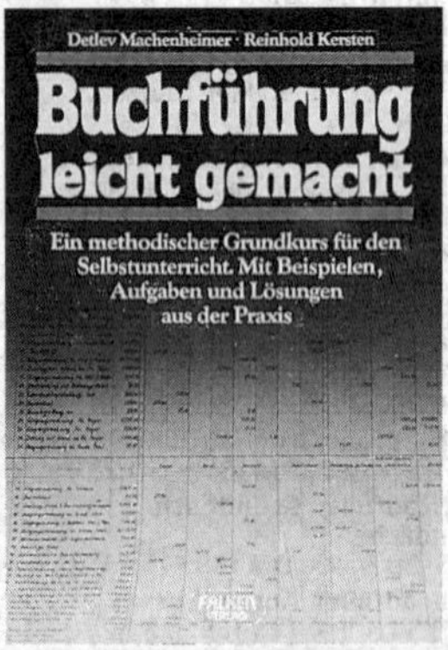

Schülerlexikon der Mathematik
Formeln, Übungen und Begriffserklärungen für die Klassen 5–10. (0430) Von R. Müller, 176 S., 96 Zeichnungen, kart. **DM 9,80**/S 79.–

Mathematik verständlich
Zahlenbereiche Mengenlehre, Algebra, Geometrie, Wahrscheinlichkeitsrechnung, Kaufmännisches Rechnen. (4135) Von R. Müller, 652 S., 10 s/w- und 109 Farbfotos, 802 farbige und 79 s/w-Zeichnungen, über 2500 Beispiele und Übungen mit Lösungen, Pappband. **DM 68,–**/S 549.–

Mathematische Formeln für Schule und Beruf
Mit Beispielen und Erklärungen. (0499) Von R. Müller, 156 S., 210 Zeichnungen, kart. **DM 9,80**/S 79.–

Rechnen aufgefrischt
für Schule und Beruf. (0100) Von H. Rausch, 144 S., kart. **DM 6,80**/S 59.–

Mehr Erfolg in Schule und Beruf
Besseres Deutsch
Mit Übungen und Beispielen für Rechtschreibung, Diktate, Zeichensetzung, Aufsätze, Grammatik, Literaturbetrachtung, Stil, Briefe, Fremdwörter, Reden. (4115) Von K. Schreiner, 444 S., 7 s/w-Fotos, 27 Zeichnungen, Pappband. **DM 29,80**/S 239.–

Richtiges Deutsch
Rechtschreibung · Zeichensetzung · Grammatik · Stilkunde. (0551) Von K. Schreiner, 128 S., 7 Zeichnungen, kart. **DM 9,80**/S 79.–

Diktate besser schreiben
Übungen zur Rechtschreibung für die Klassen 4–8. (0469) Von K. Schreiner, 152 S., 31 Zeichnungen, kart. **DM 9,80**/S 79.–

Aufsätze besser schreiben
Förderkurs für die Klassen 4–10. (0429) Von K. Schreiner, 144 S., 4 s/w-Fotos, 27 Zeichnungen, kart. **DM 9,80**/S 79.–

Deutsche Grammatik
Ein Lern- und Übungsbuch. (0704) Von K. Schreiner, 112 S., kart. **DM 9,80**/S 79,–

Besseres Englisch
Grammatik und Übungen für die Klassen 5 bis 10. (0745) Von E. Henrichs, 144 S., **DM 12,80**/S 99,–

Richtige Zeichensetzung
durch neue, vereinfachte Regeln. Erläuterungen der Zweifelsfragen anhand vieler Beispiele. (0774) Von Prof. Dr. Ch. Stetter, 160 S., kart. **DM 9,80**/S 79,–

Bestellschein

Erfüllungsort und Gerichtsstand für Vollkaufleute ist der jeweilige Sitz der Lieferfirma. Für alle übrigen Kunden gilt dieser Gerichtsstand für das Mahnverfahren. Falls durch besondere Umstände Preisänderungen notwendig werden, erfolgt Auftragserledigung zu dem bei der Lieferung gültigen Preis.
Ich bestelle hiermit aus dem Falken-Verlag GmbH, Postfach 1120, D-6272 Niedernhausen/Ts., durch die Buchhandlung:

Ex. ______________________

Ex. ______________________

Ex. ______________________

Ex. ______________________

Name: ______________________

Straße: ______________________ Ort: ______________________

Datum: ______________________ Unterschrift: ______________________

FALKEN VERLAG

 Für die Schweiz: sFr.-Preise gemäß Preisauszeichnung in der Buchhandlung